Italien für Verliebte

MANGIACANE

Italien für Verliebte

HOTELS · VILLEN · LANDHÄUSER

MEG NOLAN

FOTOGRAFIEN VON

DAVID CICCONI

AUS DEM AMERIKANISCHEN ÜBERTRAGEN VON

BARBARA STERNTHAL

CHRISTIAN BRANDSTÄTTER VERLAG

Bibliografische Information der Deutschen Nationalbibliothek
Die Deutsche Nationalbibliothek verzeichnet diese Publikation
in der Deutschen Nationalbibliografie; detaillierte
bibliografische Daten sind im Internet über
http://dnb.d-nb.de abrufbar.

2. Auflage 2009

Graphisches Konzept & Schutzumschlag: Sara E. Stemen
Lektorat der deutschsprachigen Ausgabe:
Elisabeth Hölzl und Fitore Brahimi
Printed in China

Die englische Originalausgabe erschien 2008 unter dem Titel
Italien Hideaways bei Rizzoli International Publications, Inc.,
New York

ISBN 978-3-85033-196-8

Christian Brandstätter Verlag
GmbH & Co KG
A-1080 Wien, Wickenburggasse 26
Telefon (+43-1) 512 15 43-0
Fax (+43-1) 512 15 43-231
E-Mail: info@cbv.at
www.cbv.at

INHALT

VORWORT

MELISSA BIGGS BRADLEY

IN EINEM meiner Lieblingsromane – Mark Helprins *Ein Soldat aus dem Großen Krieg* – wird Italien als Paradebeispiel für kultivierte Divergenz und Ungleichheit beschrieben, und das obwohl es an drei Seiten vom Meer umgeben und im Norden von hohen Bergen begrenzt ist und trotzdem seine frühere Geschichte den Erfolg uniformer Verwaltung und Zentralisation illustriert. Doch man bedenke, heißt es weiter, dass für die Kunst, für die Entwicklung des Geistes nichts zuträglicher ist als Abwechslung.

Umberto Eco hat es pointierter ausgedrückt, als er meinte, dass Italien ein Land sei, das von Unterschieden und einem Gefühl für Proportionen dominiert wird. Tatsächlich, meint er, sind Italiens Landschaften so unterschiedlich, dass man alle fünf Kilometer einem ganz neuen Land begegnet. Ich denke, hinter der magnetischen Anziehungskraft, die dieses Land ausübt, stecken eben diese Kontraste und Unterschiede. Gleichgültig, wie oft jemand bereits in Italien gewesen ist, die Sehnsucht wiederzukehren bleibt, ja wird immer heftiger, weil doch jede einzelne Reise so viele neue Möglichkeiten eröffnet. Als ich das erste Mal in Florenz war, wollte ich unbedingt weiter nach Rom. Nachdem ich Venedig gesehen hatte, wollte ich nach Verona, um die Palladio-Villen zu sehen. Ein paar Wochen auf Sizilien, und Geschichten über Neapel und Apulien machten mich so neugierig, dass ich unbedingt dorthin wollte. Mit jedem einzelnen Besuch ergab sich eine weitere Wunsch-Destination.

Um dem Facettenreichtum Italiens auf die Spur zu kommen, gibt es wahrscheinlich kaum eine bessere Möglichkeit, als in kleinen intimen Hotels zu wohnen oder eine ganze Villa zu mieten. Ob es sich dabei um ein strahlend weißes Hotel auf den Klippen über dem Meer an der Amalfiküste wie die Casa Angelina handelt, eine restaurierte Landvilla, verborgen in den Weinbergen des Piemonts, wie die Villa Tiboli oder das Designer-Hotel Carducci 76, das sich in einem kleinen Ort an der Adriaküste verbirgt: Für den Reisenden hält Italien eine unermessliche Skala an genialer Stilsicherheit und einzigartigen Eindrücken bereit.

Für *Verliebt in Italien* hat Meg Nolan dreißig Anwesen verstreut über ganz Italien ausgewählt. Sie repräsentieren das Beste, was dieses Land an kleinen Hotels und Privatvillen zu bieten hat. Die Konstanten sind ein hoher Design-Standard und eine große Bandbreite unterschiedlicher Wohnstile. Jedes einzelne Haus verspricht Intimität und Privatsphäre – genau die Art von Hotel oder Villa, wo man sich wahrhaftig von der Welt zurückziehen kann. Dennoch hat Meg Nolan auch zwei größere Stadthotels in diesen Reigen aufgenommen: Sie zeichnen sich durch faszinierend schöne Räume aus, die den Gast in Behaglichkeit und Schönheit hüllen und mit Fug und Recht als Refugien bezeichnet werden dürfen.

Mit seinen zwanzig unvergleichlichen und verführerischen Regionen ist Italien ein Prüfstein für unersättliche Reisende, wie ich eine bin. Italien aber ist für mich als Berufsreisende, als Journalistin auch eine endlose Inspirationsquelle. Ich habe einen Großteil meines Berufslebens damit verbracht, Insidertipps auszugraben, um diese Entdeckungen mit jenen zu teilen, die selbst unvergessliche Reisen machen wollen. Was die Schätze der folgenden Seiten betrifft, so ist sicher, dass Meg Nolan diese Leidenschaft für das Reisen im Allgemeinen und für Italien im Besonderen in jedem Fall mit mir teilt.

Die Früchte von den Ländereien des Castello di Vicarello.

EINLEITUNG

NACH Italien kam ich zum ersten Mal im Jahr 1997, als meine Eltern eine spektakuläre Route zu einigen der schönsten Plätze des Landes geplant hatten. Diese drei Wochen waren mein Debüt in Sachen *la bella vita* und sie haben die folgenden Jahre des Studierens, Arbeitens und nun Schreibens über Italien grundlegend beeinflusst. Das Highlight dieser Reise war gleich der erste Stopp: das Grand Hotel Villa Serbelloni in Bellagio, der Perle am Lago di Como. Nach einer haarsträubenden Fahrt auf einer engen, sich an einer bedrohlichen Felswand entlangschlängelnden Straße an der Ostseite des Sees kamen wir am prachtvollsten Gebäude an, das ich je gesehen hatte. Die berühmte Villa Serbelloni überwältigte mich mit ihrer majestätisch-klassischen, dem See zugewandten Fassade. Drinnen machte mich die stupende Opulenz des Interieurs – hohe freskengeschmückte Decken, eine fantastische Marmortreppe mit riesigen vergoldeten Bodenleuchtern und zwei enorm große Salons, angefüllt mit neoklassizistischen Antiquitäten und Perserläufern – völlig sprachlos. Den Rest gaben mir die imperiale Terrasse, von der aus man den ganzen See überblickt, und die romantische Gartenanlage, die alle Fantasie einer Achtzehnjährigen in bisher ungeahnte Dimensionen katapultierte.

Doch schließlich war es unser »Zimmer«, das sich als erinnerungswürdigstes Element der ganzen Reise herausstellte. Wir hatten ein Upgrade auf eine der beiden Senior Suiten der Villa erhalten, womit wir uns – auspackend und unser Jetlag bekämpfend – mitten in einem schier unfassbaren Luxus wiederfanden. Die Suite bestand aus einem großen Schlafzimmer, zwei Badezimmern und einem Salon samt riesigem Fenster, von dem aus man auf den See blickte. Hier schliefen mein Bruder, meine Schwester und ich – verwöhnt von einem Luxus, der weit jenseits dessen lag, was unserem Alter entsprach. Die Dimensionen dieses Raums mit seinen hohen Decken und den die gesamte Raumhöhe einnehmenden Balkontüren ließen an einen Palast denken. Ausgewählte Antiquitäten und Seidenvorhänge vervollständigten die noble Ausstattung, die auch eine ganze Wand voller antiker Spiegel und massive Marmorsäulen einschloss. Diesen Raum werde ich nie vergessen, und zwar nicht nur seiner traumhaften Möbel und seines historischen Glanzes wegen, sondern vor allem deshalb, weil wir uns darin trotz des extravaganten Ambientes entspannt und behaglich fühlten. Bei jedem Hotelaufenthalt seither versuchte ich dieses Gefühl der Geborgenheit von Neuem zu erwecken.

In meiner nun bereits seit Jahren bestehenden Romanze mit Italien war das Reisen durch dieses Land, um eine Auswahl kleiner, feiner Hotels und privater Ferienvillen zu finden und zu fotografieren, die wahrscheinlich aufschlussreichste und konstruktivste Phase. Das zentrale Anliegen dieses Buches besteht darin, eine breit

Gartenterrasse und Bootsanlegestelle des Grand Hotel Villa Serbelloni.

gefächerte Auswahl weniger bekannter, eher kleiner italienischer Hotels und privater Villen zu präsentieren, und zwar auch solche, die sich abseits ausgetretener Touristenpfade befinden. Wunderbare Orte, aus denen ich wählen konnte, gab es mehr als genug. Die Herausforderung bestand darin, die Liste zu reduzieren, ohne landschaftliche Vielfalt und stilistischen Facettenreichtum zu minimieren. Wochenlang durchforstete ich ganz Italien nach seinen bestgehüteten und zauberhaftesten Geheimnissen. Unglücklicherweise konnte ich einerseits nicht jedes Kleinod in dieses Buch aufnehmen, andererseits entsprachen manche Hotels und Villen, so schön sie auch waren, nicht dem Rahmen des Buches. Die größeren Hotels, die ich ausgewählt habe – wie etwa das Hotel Lungarno oder das Bauer Hotel –, sind zwar auf der ganzen Welt berühmt, haben sich aber dennoch eine besondere Atmosphäre der Ruhe und Behaglichkeit erhalten.

Im Zuge meiner Recherchen für dieses Buch kehrte ich auch in das Grand Hotel Villa Serbelloni zurück. Die Belletage mit ihrer schönen Treppe und den Salons an der Vorderseite war größtenteils unverändert geblieben. Doch im Erdgeschoß hatte man ein Restaurant eröffnet und ein Spa mit allen Schikanen eingerichtet. Im Zuge dieser Erweiterungen wurde auch die prächtige Terrasse zu einer Art Wintergarten mit Glasdach, das man öffnen kann, umgebaut. Ein Glück nur, dass all dies der wunderschönen Aussicht keinen Abbruch tun. Immer noch schaffen die grauen Alpengipfel einen dramatischen Effekt, bilden die saftig-grünen Berghänge und die farbenfrohen Häuser rund um den See einen beeindruckenden Kontrast zur Stille des lapislazuliblauen Wassers. Es war dieser erste Blick auf Italien, der mich geradezu genötigt hat, tiefer ins Land vorzudringen, der mich mit einer Leidenschaft erfüllte, immer mehr dieser wunderbaren und zauberhaften Plätze entdecken zu wollen, von denen ich sicher war, dass es sie geben musste in diesem Land, in das ich mich vor Jahren rettungslos verliebt hatte.

OBEN *Die dem See zugewandte Fassade der Villa Serbelloni.*

GEGENÜBER *In einem der Deluxe-Zimmer öffnen sich Französische Fenster zum See hin.*

GEGENÜBER *Die bevorzugte Art, den Lago di Como zu überqueren.* | OBEN *Der palastartige Salon vor der Executive Suite.*

LA POSTA VECCHIA

LADISPOLI, LATIUM

La Posta Vecchia strahlt eine unvergleichliche Authentizität aus und ist dank ihrer ehemaligen Besitzer das möglicherweise kultivierteste und exklusivste Refugium Italiens. Es liegt nur vierzig Kilometer nordwestlich von Rom, direkt über der Brandung des Tyrrhenischen Meers und zeichnet sich durch seine wunderbar romantische Atmosphäre aus. Seine Architektur – ein lang gestrecktes, pfirsichfarbenes Gebäude – ist ein Anblick, der sich ebenso ins Gedächtnis gräbt wie der erste Eindruck: Zwischen Eukalyptusbüschen und von Hecken gesäumten Kräuterbeeten führt eine gepflasterte Auffahrt zur Villa, die sich in einem üppigen mediterranen Garten erhebt und vor deren Entree eine mächtige Palme aufragt. Auf der einen Seite wird die Villa von einem Vogelschutzgebiet des World Wildlife Fund flankiert, auf der anderen Seite von Schloss Palo, einem grandiosen Bau aus dem zweiten Jahrhundert, der nach wie vor im Besitz jener Familie ist, die auch La Posta Vecchia bauen ließ.

Man schrieb das Jahr 1640, als die Familie Odescalchi das Hotel zur Post (so die wörtliche Übersetzung) als Unterkunft für die zahlreichen Gäste und Kaufleute errichten ließ, die Schloss Palo besuchten. Im Jahr 1918 schloss das Hotel seine Pforten und lag in einem Dornröschenschlaf, bis Jean Paul Getty die Villa in den frühen 1960er Jahren von seinem Freund Prinz Ladislao Odescalchi mietete und ihn letzten Endes davon überzeugte, ihm die Villa zu verkaufen. Getty revitalisierte das Gebäude und die Gärten und verwandelte sie in ein luxuriöses Anwesen. Im Zuge der Renovierung stießen die Arbeiter auf die Reste zweier antiker römischer Villen aus dem zweiten Jahrhundert v. Chr. Als man dann auch noch etruskische Artefakte und römische Mosaikböden entdeckte, stürzte sich die italienische Regierung auf die Anlage und schuf schließlich gemeinsam mit Getty das heute unter der Villa gelegene Archäologische Museum. Als Getty 1976 starb, kaufte eine Schweizer Hotelvereinigung La Posta Vecchia und vermietete sie als Ferienvilla, bevor sie im Jahr 1990 zum Luxushotel umgestaltet wurde. Nach wie vor werden die hier gefundenen antiken Kunstwerke von der Gruppo Archeologico del Territorio Cerite restauriert. Die Ruinen sind immer am Dienstagnachmittag im Rahmen geführter Touren zu bewundern, das Museum ist täglich geöffnet und für Hotelgäste über eine Treppe gleich bei der Eingangshalle zu erreichen.

Unter all den Besonderheiten der Posta Vecchia ist es ihre lange Terrasse direkt über dem Meer, um die man sie am meisten beneiden könnte. An ihrem einen Ende, vor dem Indoor-Pool, befinden sich Liegestühle zum ausgiebigen Sonnenbaden, am anderen gelten die schwarz-weiß-gestreiften Kissen auf den Bänken als eine Art Markenzeichen für den speziellen Schick des Hotels. Und weiße Sonnenschirme aus Leinen

Nicht nur La Posta Vecchia, auch die römischen Ruinen erstrahlen im Mondlicht.

schenken den Tischen und Stühlen, wo man je nach Wetter mittags und abends speisen kann, wohltuenden Schatten. Aber es sind die unendlichen Blicke von den behaglichen Plätzen auf der Terrasse aus, die ihr diesen zeitlosen Charakter verleihen. Das Erdgeschoß der Villa, die Halle eingeschlossen, ist eine Enfilade ineinander übergehender Räume, die an einem Ende ins Restaurant münden und am anderen in den Indoor-Pool. Dazwischen liegen Salons, Bibliotheken und der pfirsichfarben ausgemalte Frühstücksraum. Dekoriert sind die Räume mit wunderschönen Tapeten, antiken Stein- und Marmortischen und verschiedenen römischen Artefakten. Elegantes wie ein Klavierspieler zur Cocktailstunde und die »Bar der Ehrlichen« in der Bibliothek, wo Miniaturflaschen mit erstklassigen Spirituosen und Cocktails auf den Bücherregalen bereitstehen, machen die Villa zu einem intimen und persönlichen Ort, den man sich gastfreundlicher kaum vorzustellen vermag.

Im Angebot für die Gäste finden sich Kochseminare, ein Shuttledienst nach Rom und wieder zurück und auch Fahrräder. In der Oasi di Palo, dem direkt neben der Villa liegenden Park des World Wildlife Fund, gibt es Wanderwege, Joggingstrecken und ein Fitnesscenter samt Tennisplatz und Fußballfeld. Auch in einem kleinen Beautycenter können es sich die Gäste gut gehen lassen.

Ein exquisites Erlebnis ist es, im eleganten Restaurant der Posta Vecchia, The Cesar, mit der gewölbten Decke und den edel drapierten Fortuny-Stoffen entlang der Fensterfront zum Meer zu dinieren. Dank des jungen, talentierten Küchenchefs und nicht zuletzt auch der hoteleigenen Gemüse- und Kräutergärten kann man zum Beispiel in Hummer und weißen Trüffeln schwelgen, und die Desserts – hausgemachtes *gelato* und ein delikater Schokoladekuchen ohne Mehl – sind es wert, dass man Platz lässt für sie.

Am besten ist es, man überlässt sich der überwältigenden Behaglichkeit, auf die hier viel Wert gelegt wird, und genießt einfach dieses außergewöhnliche Übermaß an Luxus und Entspannung.

CAMERE & SUITE

Jedes der neunzehn Zimmer und Suiten der Posta Vecchia ist individuell gestaltet, nach einem berühmten ehemaligen Gast benannt und mit römischen Artefakten und Kunstwerken ausgestattet. Sie stammen aus der Sammlung Jean Paul Gettys, der sie mit Hilfe des Kurators des Getty Museums in Los Angeles, Federico Zeri, für die Villa ausgewählt hatte. Damit erhielten die Räume eine Grandezza, wie man sie in Hotels nur noch selten findet. Fast schlicht wirken die schweren, mit edlen Stoffen bezogenen Möbel unter den hohen Decken und zwischen den riesigen, bis zum Boden reichenden Fenstern. Die vergoldeten Himmelbetten mit ihren ornamentierten Rahmen sind so stattlich wie opulent, die Bettwäsche ist von feinster Qualität. Die Badezimmer sind großzügig mit Marmor oder Fliesen, Armaturen aus Bronze und marmornen Schminktischen ausgestattet. Dazu gibt es flauschige Frotteebademäntel, Bulgari-Badeprodukte, Satellitenfernsehen und DVD-Player.

Der wahre Luxus der Räume aber ist das Meer, das direkt unter den Suiten an die Felsen brandet. Von der Castello Suite hat man den schönsten Blick: vorne zum Meer, an der Seite zum formidablen Schloss Palo. Das unorthodoxe Miteinander einer strahlend gelben Couch und eines jadegrünen Teppichs wirkt innerhalb der großzügigen Dimensionen des Raums ausgesprochen nobel. Und mit seinem kunstvoll gearbeiteten offenen Kamin und den vergoldeten venezianischen Bodenleuchtern bleibt die Suite den historischen Wurzeln des Hauses treu. Jedes einzelne der neunzehn Zimmer ist ein Unikat, das mit seinen eleganten Schätzen und Details nur darauf wartet, erkundet zu werden. Die großen Suiten bieten wahrhaftigen Luxus, doch die Deluxe-Zimmer sind ebenso beeindruckend. Das Herzogs-Zimmer – das einzige Doppelzimmer mit Blick aufs Meer – ist mit einem besonders attraktiven Betthimmel sowie mit einem strahlend verfliesten Badezimmer ausgestattet. Überhaupt sind die Zimmer mit Meerblick die Hauptattraktion – die Wellen singen ein wunderbares Wiegenlied für einen erholsamen Schlaf.

Rare Schönheit: Details aus dem Interieur der Posta Vecchia.

FOLGENDE DOPPELSEITE
Die eindrucksvolle Fassade und die Castello Suite.

GEGENÜBER *Dinieren unter freiem Himmel mit dem Schloss der Odescalchi im Hintergrund.* | OBEN *Herrliche Ruhe auf der Terrasse.*

IL PALAZZETTO

ROM, LATIUM

Es scheint, als wäre dieses kleine Hotel direkt in die Spanische Treppe gebaut, doch mit seinen bloß vier Zimmern garantiert es unter all den Grand Hotels der Ewigen Stadt ein besonderes Maß an Exklusivität. Das quadratische, an eine Stadtvilla erinnernde Gebäude stammt aus dem Jahr 1500, schmiegt sich an die Mauer der Treppe und diente einst als bevorzugtes Refugium einer adeligen römischen Familie, der diese verborgene Villa lieber war als ihr Palast an der Piazza Mignanelli. Heute gehört der historische Bau zum Hotel Hassler und damit dessen Eigentümer Roberto E. Wirth, der den Besitz mit der Intention erwarb, seinen Gästen etwas ganz Exklusives anbieten zu wollen. Im Erdgeschoß des Hotels befindet sich die Zentrale der International Wine Academy of Roma, ein Club für Weinkenner, dem Wirth präsidiert und wo Mitglieder und Gäste einander treffen, um die delikatesten Kreszenzen, die sich aus Trauben gewinnen lassen, zu genießen. Aufgrund der minimalen Zimmeranzahl verlangt es Planung von ganz langer Hand, will man hier ein Zimmer buchen oder ein Diner im Weinclub arrangieren. Wert ist es das allemal.

Il Palazzetto verfügt sowohl über ein eigenes Restaurant als auch über eine Wein-Bar – beide eine willkommene Erholung von den Massen draußen auf der Spanischen Treppe: Mit einer Fülle feinster Rotweine und ausgezeichneter römischer Küche versteht es der Patron, die Schmerzen des Sightseeings zu lindern. De facto ist es so, dass sich bei einer Karte, auf der mehr als vierhundert Weine angeboten werden, und einem Personal, das aus erstklassigen Experten besteht, ein großartiges Glas Wein kaum vermeiden lässt. Speisen kann man hier in zwei verschiedenen Räumlichkeiten: Zum einen in der charmanten, intimen Bibliothek mit dem riesigen offenen Kamin, zum anderen in dem zum Hotel gehörigen Garten. Hierhin gelangt man durch eine der Hintertüren im Erdgeschoß, und natürlich wird der Garten sehr oft für private Diners und Events genützt. Es sind die vom Efeu überwachsenen Wände, die Pflanzen und der geradezu meditativ leise plätschernde Steinbrunnen, die hier alle miteinander ein unglaublich entspannendes, friedliches Ambiente schaffen.

Der Clou des Hotels aber sind die Terrassen in den beiden oberen Stockwerk des Hauses – geniale Orte, an denen man sich sowohl am Geschmack eines exquisiten Rotweins als auch am Anblick der *Scalinata di Spagna* delektieren kann. Der unvergessliche Ausblick von der mit rot gepolsterten Bänken ausgestatteten und von einer Markise beschatteten Terrasse bietet alles, was in der unmittelbaren Umgebung sehenswert ist – Spanische Treppe, Piazza di Spagna samt Fontana della Barcaccia, die Kirche Trinità dei Monti und auch der Obelisk oben an der Treppe.

Die beiden Eingänge zum Hotel wecken bei allen, die hier nur vorbeigehen, Neugierde – und

Die Wendeltreppe in Roms verborgenem Juwel: Il Palazzetto.

vielleicht auch ein wenig Neid. Dabei ist das zweiflügelige Eisentor, durch das man direkt auf die Terrasse gelangt, der exklusivere Eingang. Er liegt an der Piazza Santa Trinità dei Monti am oberen Ende der Spanischen Treppe, ist ein von Efeu überwachsener Bogendurchgang und nur durch ein Miniaturschild an der Gegensprechanlage zu identifizieren.

Allen Gästen des Palazzetto stehen der Spa-Bereich, die Panorama-Terrasse, das Business-Center sowie das opulente Frühstücksbuffet des nur zwei Minuten entfernten Fünf-Sterne-Hotels Hassler zur Verfügung. Doch ob es nun der Wein ist, weshalb man hier übernachtet, die Terrasse oder einfach die exklusive Gelegenheit, in einem wahrhaften römischen Juwel zu logieren, ist eigentlich unerheblich: Ein Aufenthalt im Palazzetto zählt eindeutig zu den luxuriösen italienischen Liaisonen.

DIE SUITEN

Die vier Suiten im Palazzetto wurden von Astrid Wirth, Roberto E. Wirths Ehefrau, in einem Stilmix aus neoklassischen und zeitgenössischen Elementen ausgestattet. Gelegen in der dritten und vierten Etage, hat man von jeder einen Blick auf die Spanische Treppe, was die Intimität der Zimmer noch unterstreicht. Mit ihren weichen Beige- und Cremetönen, den luxuriösen Textilien wie Samt und Satin, den geschmackvollen Möbeln sowie den weichen Daunendecken sind die Zimmer extrem komfortabel. Und auch angesichts der modernen Technik – Flatscreen, Satellitenfernsehen, Internetanschluss, Minibar und Klimaanlage – bleibt kein Wunsch offen.
Suite No. 4 bietet zudem große Fenster mit Blick auf die Spanische Treppe und ein Marmorbadezimmer, wie geschaffen dafür, sich für einen Abend in der Stadt hübsch zu machen.

OBEN *Aus der behaglichen Palette der Palazzetto-Suiten: Suite No. 4.*

GEGENÜBER *Der hinreißende Blick von der Terrasse.*

PORTRAIT SUITES

ROM, LATIUM

WÄRE eine der Suiten in diesem Haus die Wohnung eines Freundes – sehr stylish, erstklassige Lage –, wäre wohl jeder Besuch neidvolle Qual. Glücklicherweise aber ist man hier eingeladen, sich ganz zuhause zu fühlen. Es ist also kein Wunder, dass manche Gäste der Portrait Suites ihren geplanten Kurzaufenthalt in eine ungeplante Langzeitresidenz umgewandelt haben, und zwar einfach deshalb, weil sie es von Mal zu Mal hinauszögern, ihre schicke Unterkunft mitten in Roms High-end-Shopping-Bezirk aufzugeben. Das Boutique Hotel liegt nicht mehr als einen Katzensprung von der Spanischen Treppe entfernt und ist doch wunderbar ruhig. Ruhe beginnt in den Portrait Suites bereits beim Check-in, wenn man anstatt an der Rezeptionstheke zu stehen in eine Art komfortables Wohnzimmer gebeten wird. Als angenehm und höflich präsentieren sich dann auch die Mitarbeiter, die sich mit ihrem Namen vorstellen und nicht müde werden zu betonen, dass sie dafür da sind, dem Gast bei allem zu helfen, was dieser eventuell brauchen könnte.

Das Hotel ist die neueste Errungenschaft der Lungarno Hotel Gruppe, die der Familie Ferragamo gehört und von dieser auch geleitet wird. Im Unterschied zu den anderen Ferragamo-Hotels, die sich beinahe alle in Florenz befinden, besteht hier in Rom kein Zweifel darüber, wer hinter all dem luxuriösen Design steht: Fotografien und Skizzen von Salvatore Ferragamo schmücken das Treppenhaus, was den Weg von oder zur Suite beziehungsweise Terrasse über die Treppen weitaus interessanter macht als wenn man den Aufzug nimmt.

Das Vermächtnis Salvatore Ferragamos an der Wand einer der Suiten.

In einer Stadt, in der Dachterrassen oft großzügiger ausgestattet und manchmal interessanter sind als die Wohnungen, verwundert es nicht, dass auch das schicke Dach der Portrait Suites der Zuckerguss auf der Torte ist. Die Terrasse des Hotels ist jederzeit frei zugänglich und erwartet die Gäste mit einer hervorragend bestückten offenen Bar (man vertraut hier der Aufrichtigkeit der Gäste beim Auschecken). Behagliche Polstersessel und -sofas sowie große Sonnenschirme machen die Terrasse zum idealen Salon um zu frühstücken, zu lesen, die Nachbarterrassen zu studieren oder einfach den wunderbaren Blick auf dieses Bild einer Stadt zu genießen. Was das Essen betrifft, so kann man im Hotel bloß ein kleines Frühstück einnehmen, doch in der Nähe gibt es einen Markt, einige der besten Restaurants Roms und unzählige Vinotheken, so dass es eher zum Problem wird, sich in dieser Vielfalt des Angebots zu entscheiden.

CAMERE & SUITE

Die vierzehn Suiten rangieren in Kategorien von klassischen Doppelzimmern bis zu Suiten mit zwei Schlafzimmern, wobei alle dem Stil gerecht werden, den man sich von einem Hotel der Ferragamo-Gruppe erwartet. Zu den bemerkens-

wertesten Details zählen graue, mit limonengelber Seide unterfütterte Baumwollvorhänge und strahlend pinkfarbene Kissen auf den modernen Sofas und Sesseln. Und natürlich wurde Leder – die Domäne der Ferragamos – in vielerlei Hinsicht in das Styling integriert. Lederbezogene Hocker und schmale Bänke an den Fußenden der Betten geben der gesamten Ästhetik einen frischen und sauberen Touch.

Das Beste an den Zimmern – und oft genug der Grund dafür, warum Gäste ihren Aufenthalt verlängern – sind die voll ausgestatteten Kitchenettes: Eine hinter dunklen Schiebetüren verborgene Chrom-Küchenzeile samt Kästchen, Arbeitsfläche und Spülbecken, Espressomaschine und französischer Kaffeepresse, einem wohl gefüllten Kühlschrank, leichten Snacks sowie Besteck, Gläsern und Geschirr für zwei.

Die Suite Nummer 53 ist nicht nur ein Deluxe-Zimmer, sondern auch eines der beiden mit eigenem Balkon. Das andere ist die unvergleichliche Penthouse-Suite: Ihre Terrasse erstreckt sich entlang der gesamten Front des Gebäudes und beschenkt ihre Bewohner mit einem grandiosen Blick auf die Piazza di Spagna und das atemberaubende Tempo Roms.

OBEN *Einzigartige Blicke von der Dachterrasse der Portrait Suites.*

GEGENÜBER *Modern und kultiviert präsentiert sich der Salon.*

IM UHRZEIGERSINN VON LINKS OBEN *Das Treppenhaus; Detail aus Kork in einer der Suiten; bedruckte Vorhänge in einer der Suiten.*

GEGENÜBER *Pures Understatement: das Entree der Portrait Suites.*

23
22

VILLA FONTELUNGA *mit*

VILLA SCANNAGALLO, VILLA GALLO *und* VILLA GALLETTO

POZZO DELLA CHIANA (FOIANO), TOSKANA

AUSGESTATTET hat die Villa Fontelunga samt den dazugehörigen Concierge-Villen Scannagallo, Gallo und Galletto ein ehemaliger Set-Designer aus der Filmbranche. Kein Wunder also, dass sie alle aus der Ferne wirken, als würden sie auf das Close-up warten. Als einstige *padronale* – Herrenhaus – liegt die Villa Fontelunga auf der Kuppe eines Hügels mit weitem Blick über das Chiana-Tal (berühmt für seine Designer-Outlet-Shops), weniger als eine Stunde von Florenz und knapp dreißig Minuten von Cortona, der schönen Etruskerstadt, entfernt. In allen vier Villen ist die sorgfältige Handschrift der drei Eigentümer Simon, Philip und Paolo zu erkennen: Aus Traditionellem, zeitgemäßen Designdetails und modernen Möbeln schufen sie ein warmes und behagliches Zuhause für ihre Gäste.

Die Anfahrt zur Villa Fontelunga scheint, nach einem Blick auf die Straßenkarte, eine komplizierte Angelegenheit zu sein. Der Eindruck täuscht, denn tatsächlich ist der Weg eine genussvolle Landpartie, auf der weiße Hinweisschilder die Gäste problemlos vom nächstgelegenen Dorf bis zur Villa leiten. Die Villa Fontelunga ist ein prächtiger, rosa getünchter Bau mit hellblauen Fensterläden, gepflegten Gärten und – auf der Veranda an der Rückseite des Hauses – Geranien in klassischen toskanischen Terracotta-Töpfen. Mit Terracotta-Fliesen umrandet ist der Pool, der ein Stück den Hügel abwärts und so weit von der Villa entfernt liegt, dass nichts die Ruhe stört und bloß Vogeltrillern und der herrliche Blick von dem Buch ablenken, mit dem man sich hierher zurückgezogen hat. Achtzehn Personen passen in die Hauptvilla, die auch für private Events gemietet werden kann. Doch die meiste Zeit des Jahres wird sie als luxuriöses Garni Hotel geführt, in dem neben dem delikaten, aus hausgemachten Produkten bestehenden Frühstücksbuffet zweimal pro Woche familiäre Diners angeboten werden. Küche, Salon und Speisezimmer verschmelzen zu einem einzigen riesigen Raum mit drei französischen Doppelfenstern, die auf einen Garten mit weißen Sonnenschirmen, Stühlen und Tischen führen. Der Blick, den man von hier aus hat, verleitet beim Frühstück sicher zu einer zweiten Tasse Cappuccino und zu einem weiteren Stück der köstlichen hausgemachten *dolci*. Die Villa verfügt über kein Restaurant, Lunch und Dinner sind also die meiste Zeit über den Gästen überlassen. Glücklicherweise gibt es im nächsten Ort einige hervorragende kulinarische Optionen, und auch ein Abend im nahen Cortona zahlt sich aus.

CAMERE & SUITE

Die neun Gästezimmer (acht im Haupt-, eine Suite im Nebengebäude) sind nach Halbedelsteinen benannt, jeweils im entsprechenden Farbschema gestaltet und mit einem Mix aus Antiquitäten und modernen Möbeln ausgestattet. Favorit ist das Amethyst-Zimmer, verwandeln seine tief

Der Pool hinter der Villa Fontelunga.

violetten Vorhänge das Morgenlicht doch zu einem geradezu ätherischen Strahlen. Jedes Zimmer verfügt über CD-Player, Telefon und Internetzugang. Die französischen Fenster der Suite öffnen sich zu einer privaten Terrasse mit Blick auf den Pool und eine riesige Eiche.

Zu Fuß in zehn Minuten, mit dem Auto in zwei erreichbar sind die drei brandneuen Concierge-Villen, die ebenfalls von den Besitzern umgebaut und ausgestattet wurden und die man wochenweise mieten kann. Die größte, Scannagallo, kann zehn Gäste aufnehmen, die beiden kleineren, Gallo und Galletto, vier beziehungsweise zwei. Die beiden kleineren Villen teilen sich einen Pool, Scannagallo verfügt über einen spektakulären Infinity-Pool und liegt knapp zwanzig Meter entfernt. Esprit ist das Wort, das am besten zur verspielten und doch kultivierten Ausstattung der beiden größeren Villen passt. Alle Schlafzimmer sind monochrom inszeniert: Bettdecken passen zu Betthäuptern, die wiederum perfekt mit Stühlen und Vorhängen harmonieren. Die Wände sind in schlichtem Creme gestrichen und mit farbenfrohen Drucken geschmückt. Sehr modern ist die Architektur der kleineren Villen: Glasschiebetüren über die ganze Front, offene Deckenbalken und unverputzte Ziegelwandelemente. Das gesamte Design funktioniert nach dem Motto »weniger ist mehr« und lässt Platz für witzige Details wie zum Beispiel die großen alten Uhrzeiger: Sie sind auf ein gemaltes Ziffernblatt auf fünf Uhr an die Wand genagelt, darunter ist »Cocktail?« zu lesen. Zum Chef-Innenausstatter der Villen avancierte Philip, der die beiden Uhrzeiger fand und wusste, dass sie irgendwo integriert werden müssten, und der darüber nachdenkt, ob das Fragezeichen nicht doch besser ein Rufzeichen hätte sein sollen … Alle drei Villen werden von der Hauptvilla aus versorgt, Gäste bekommen von dort ihre *alimentari* und können sich im umfangreichen DVD- und CD-Fundus bedienen. Üppiger Lavendel rund um die drei Villen schenkt nicht nur himmlischen Duft, sondern auch das typische heitere Bienengesumme. Über die gelben und grünen Felder, die an den gepflegten Garten anschließen, kann man Blicke und Gedanken schweifen lassen und das Gazebo vor dem Haus scheint perfekt dafür, mit Freunden ein rauschendes Fest zu feiern. Das Schönste an den Villen jedoch ist, dass sie sich anmutig in die Landschaft der Toskana fügen – ganz als hätten sie immer schon hier gestanden.

OBEN *Der Blick über das Val di Chiana von der Villa Fontelunga aus (links); der moderne Pool der Villa Scannagallo (rechts).*

GEGENÜBER *Interieur mit Humor in der Villa Fontelunga.*

FOLGENDE DOPPELSEITE *Interieurs und der Blick von den Concierge-Villen: Galletto, Scannagallo und Gallo.*

Bokkie
Cadenza
Fluff

FR : CAROLUS TORRIGIANI
PRIOR · MAGNUS · LOMB · ET · VENET

CASTELLO DEL NERO

TAVARNELLE VAL DI PESA, TOSKANA

EINE gute halbe Stunde von Florenz und Siena entfernt bietet Castello del Nero sowohl Abgeschiedenheit als auch den High-end-Service eines Luxushotels. Als eines der beiden E'SPA-Wellnesshotels in der Toskana zeichnet sich das Hotel dadurch aus, dass es sich vollkommen dem Wohlbefinden seiner Gäste widmet. Abgesehen von allem, was das Spa bietet, kann man hier Diners auf einer schönen Terrasse mit Blick über die typischen sanften Hügel der Toskana genießen, einen Spaziergang durch die gepflegten Rosengärten machen oder sich die grandiose mit Fresken geschmückte Kapelle ansehen. Sowohl die Kapelle mit der Gewölbedecke als auch die uralten Bäume im Garten – darunter eine vierhundert Jahre alte Zeder und Zypressen, die hier schon weit mehr als hundert Jahre stehen – erzählen von den achthundert Jahre alten Wurzeln dieses Schlosses.

Ursprünglich gehörte das Schloss der historisch bedeutsamen florentinischen Adelsfamilie del Nero, bevor es 1825 an die ebenfalls adligen Torrigiani verkauft wurde. Heute steht der einst herrschaftliche Sitz unter dem Schutz der italienischen Kunstkommission, die sich auch an der Wiedergeburt dieser mittelalterlichen Schönheit beteiligte. Die Objekte und Gemälde, die man überall im Castello sieht, sind von beträchtlichem Wert, und dass man hier die Vergangenheit zu schätzen weiß, wird bereits beim Check-in sichtbar. Die riesige Lobby mit den Gewölbedecken, den Bogendurchgängen und Klinkerböden zeichnet sich durch Grandezza und Großzügigkeit aus. Der Service ist erstklassig, würde einem urbanen Fünf-Sterne-Hotel alle Ehre machen und ist, was die sofortige und präzise Erfüllung aller Wünsche betrifft, eine Seltenheit im ländlichen Italien.

Überraschend ist der Grundriss des Anwesens, denn was sich von außen als schlicht rechteckig präsentiert, zeigt sich im Inneren voller verborgener Winkel und Gänge, die an einer unvermuteten Wand enden, was den Weg zu einem Aperitif an der Bar zu einem Abenteuer werden lässt. Zum Glück zahlt sich das aber aus, denn die in der alten Küche untergebrachte Bar mit ihrer langen hölzernen Theke und dem riesigen offenen Kamin ist ein besonders einladendes Ziel. Die herzhafte Küche des Restaurants entspricht der Üppigkeit der Landschaft: Hausgemachtes Gebäck liegt auf jedem Tisch bereit, während Gemüse aus dem hauseigenen organisch-biologischen Anbau alle, die hier eine Diät machen, bei der Stange hält. Und an manchen Abenden wird in großem Stil gegrillt, und zwar nicht nur das übliche Hühnchen oder Rind, sondern auch Fasan, Reh und Wildschwein aus der Region. Ein weiterer Trumpf des Hauses ist die Weinkarte mit den mehr als zweihundert italienischen Weinen, deren Qualität selbst sensibelste Feinschmecker zu überzeugen imstande ist.

Tagesausflüge nach Florenz und Siena werden mit dem hoteleigenen Shuttledienst zwar

Das Wappen in der Gallway Suite im Castello del Nero.

angeboten, doch es ist schon eine Überwindung, sich von dem Spa mit seinen Pools überhaupt wegzubewegen. Das Wellness-Zentrum, das sich im unteren Bereich der Anlage befindet, ist wahrscheinlich der beste Grund dafür, ein verlängertes Wochenende im Castello del Nero zu verbringen. Schließlich zählt es mit all seinen Spezialbehandlungen zu den toskanischen Top-Spas. So wie in vielen Hotels Italiens gilt auch hier: am schönsten und ursprünglichsten ist es in der Nebensaison. Als besonders zauberhaft empfinden Bob Trotta und seine Frau Ragni, die Eigentümer des Castello del Nero, die Herbstfarben der Toskana.

CAMERE & SUITE

Schwer zu sagen, was das Schönste an den fünfzig Zimmern und Suiten des Castello del Nero ist: die weiten Blicke über Zypressen, Olivenhaine und Weingärten oder die unglaublich behaglichen Betten. Die typisch toskanischen Aussichten sind wahrscheinlich unvergesslicher, doch die Betten im Castello Nero mit den federleichten Gänsedaunendecken, seidenweichen Baumwollstoffen, Kaschmirdecken und brandneuen Doppelmatratzen (eine Rarität in Italien!) machen das Aufwachen für diesen Blick noch schöner. Die Zimmer unterscheiden sich alle, was Grundriss und Stil betrifft, gleichen einander größtenteils jedoch in der durchgehenden Verwendung offener Holzbalken an den teilweise schrägen Decken, traditioneller *cotto*-Böden sowie der mit Mosaiken und Marmor gestalteten Badezimmer.

In der Gallway Suite wurde ein Familienwappen über dem Bett restauriert sowie Wände und Decken mit Fresken verziert, was mit Grandezza vom Adel der ehemaligen Bewohner des Castellos erzählt. Diskret verborgene Türen, die durch kunstvolle Malerei ein Teil der Wand zu sein scheinen, führen in das Badezimmer, das trotz der Dachschrägen geräumig und luftig, vor allem aber sehr intim wirkt. Große Fenster mit hölzernen Fensterläden und steinernen Fensterbänken verleihen dem Raum sein authentisches Flair, der massive offene Kamin ist vom Bett aus ein fast asketischer Anblick. Doch trotz des traditionellen Designs der Suite muss man auf moderne Technik nicht verzichten: Flatscreen (inklusive *movies on demand)*, Klimaanlage und Internet-Zugang sind selbstverständlich vorhanden. Die Executive Suite ist zwar nicht ganz so üppig und geschichtsbewusst ausgestattet, doch mit ihrem blau-weißen, gepolsterten Betthaupt und der Bogentüre ist sie gleichermaßen luftig und eine Reverenz an die Lage des Castellos.

OBEN *Opulenz mit Sorgfalt: die Gallway Suite.*

GEGENÜBER *Die kunstvolle Gartenanlage des Castello del Nero.*

IM UHRZEIGERSINN VON OBEN LINKS *Die behagliche Bar mit Terracotta-Boden und unverputzten Ziegelwänden; eine Bogentüre in der Executive Suite; elegantes florales Design in der Executive Suite.*

GEGENÜBER *Von der Terrasse des Restaurants La Torre hat man diesen unvergesslichen Blick über den Garten in die Landschaft der Toskana.*

CASTELLO BANFI: IL BORGO

MONTALCINO, TOSKANA

GLEICHERMASSEN Pflicht und Kür für jeden wahrhaft önophilen Genießer ist ein Ausflug zum Castello Banfi, das für seine exzellenten Weine – vor allem für den Brunello di Montalcino – berühmt ist. Die amerikanischen Besitzer haben die mittelalterliche Festung revitalisiert und das riesige Areal – knapp dreitausend Hektar Weinberge, Olivenhaine, Obstgärten und Parklandschaft – in einen Hort der Gastfreundschaft verwandelt. Man kann hier dinieren, ein Museum besuchen, Kochkurse machen, Weinverkostungen und Exkursionen in die Weinberge unternehmen. Seit März 2007 gibt es im *borgo* des Castello Banfi vierzehn luxuriöse Zimmer und Suiten samt Swimmingpool. Und mit Musikfestivals im Castello, die sowohl privat veranstaltet werden als auch in Kooperation mit den Jazz- und Weinfestivals (im Sommer und im Winter) in Montalcino, ist für die Unterhaltung der Gäste gesorgt. Dank der prächtigen Lage ganz oben auf einer Hügelkuppe hat man vom Castello eine herrlich weite Aussicht über die toskanische Kulturlandschaft, wobei die rosafarbenen Sonnenuntergänge von der Westterrasse oder vom Pool aus zu den Highlights zählen. Wunderbare Blicke auf das Castello Banfi hat man immer wieder von der kurvenreichen Zufahrtsstraße aus: Majestätisch und lange Schatten auf die umgebende Landschaft werfend erhebt es sich, bevor es den Gästen die Romantik seines Interieurs offenbart.

Zwei Restaurants gibt es im Castello – La Taverna und Il Ristorante –, die beide im *Michelin Guide* empfohlen werden. La Taverna öffnet seine Pforten mittags allen Besuchern, doch abends ausschließlich den Gästen des *borgo*, die hier behaglicher zu Abend speisen können als im formellen Il Ristorante, das nur abends geöffnet hat. Die Gewölbedecken schaffen in der Taverna ein rustikales Ambiente, in dem die bodenständigen Degustationsmenüs mit Weinbegleitung und hervorragendem Service ein kultiviertes Erlebnis versprechen. Ein Diner im Ristorante in der oberen Etage des Castellos dagegen ist eine nahezu dekadente Romanze und eignet sich perfekt für Feste aller Art. Das fünfgängige Menü mit der anbetungswürdigen Weinbegleitung im Kerzenschein ist eine erstklassige Inszenierung, in der jedes Detail perfekt sitzt. Die Speisen sind delikat, die Weine superb, das Ambiente berauschend. Die Erinnerung daran kann man immerhin in Form einiger Flaschen der mit zahlreichen Preisen ausgezeichneten Banfi-Weine mit nach Hause nehmen.

Das Castello liegt rund eine Stunde Fahrtzeit von Siena und anderthalb von Florenz entfernt, was es zu einem guten Ausgangspunkt für Tagesausflüge in diese beiden Städte macht. Noch schöner werden solche Ausflüge dank des Wissens, dass den Gast bei seiner Rückkehr garantiert ein hervorragendes Abendessen samt einigen der besten Weine der Gegend erwarten.

Der imposante Turm der ehemaligen Burg Castello Banfi.

IM UHRZEIGERSINN VON LINKS OBEN *Zimmer No. 18, ein toskanisch inspiriertes Loft; die florale Wärme der Gästezimmer; der rustikale Charme von Il Borgo.*

Die weltweit gepriesenen Weinberge des Castello Banfi.

CAMERE & SUITE

Ursprünglich war der *borgo* des Castello Banfi, der zu vierzehn Suiten und Zimmern umgestaltet wurde, eine kleine Ansiedlung im Schutz der mächtigen Burg. Links vom Haupteingang zum Castello gelangt man zum *borgo*, der durch ein Seil für die zahlreichen Tagesgäste des Castellos versperrt ist. Die Hausgäste haben zwar Zugang zu allem, was das Castello zu bieten hat, gleichzeitig aber können sie die traumhafte Abgeschiedenheit genießen. Das Konzept für die individuell gestalteten Suiten und Zimmer stammt von dem italienischen Innenarchitekten Federico Forquet. Himmlisch bequeme King-Size-Betten haben alle Räume, die fünf Suiten verfügen zudem über Bettsofas, auf denen kleinere Kinder schlafen können. Die moderne Ausstattung der Zimmer inkludiert Flatscreens, Stereoanlagen, Highspeed-Internetzugänge sowie Minibars, in denen man ein paar der besten Banfi-Weine findet.

Die Wände der Zimmer sind in weichen Pastelltönen gestrichen und mit Stoffen im Country-Stil ausgestattet. Besonders hübsch ist das Zimmer No. 18 mit den blaugrau-roten Stoffmustern und einem begehbaren Schrank, der so perfekt gestaltet ist, dass man ihn sich am liebsten zu Hause nachbauen würde. Immer wieder sieht man teilweise unverputzte Ziegelwände, und manche Zimmer, darunter jenes mit der No. 13, weisen schöne ziegelumrandete Bogendurchgänge auf. Geräumige Badezimmer mit aus Fliesen und Glas gestalteten Duschen haben eine grandiose Wirkung, ohne dabei überladen oder protzig zu sein. Wieder zuhause, erinnert man sich wohl ein wenig wehmütige an die herrliche Aussicht auf die Weinberge und die von Zypressen gesäumte Zufahrtsstraße, die man von den Zimmern aus hat. Insgesamt präsentiert sich die Ästhetik des *borgo* wie ein luxuriöses toskanisches Bauerngut, das eben frisch geputzt wurde.

ALBERGO VILLA MARTA

LUCCA, TOSKANA

Inmitten von Olivenhainen und Zypressen, mit Blick auf die Monti Pisani und bloß knapp fünf Kilometer von Lucca entfernt, liegt in fast bescheidener Schönheit die cremefarbene Villa Marta. Im neunzehnten Jahrhundert ursprünglich als Jagdvilla errichtet, hat ein junges Ehepaar sein ganzes Herz und seine ganze Seele in die Restaurierung des Anwesens gelegt. Fünfzehn Zimmer – *classica*, *superior* und *deluxe* – sind es, die aufgeteilt auf die beiden nahezu quadratischen Gebäude seit zwei Jahren von Andrea und Alessia Martinelli in dem charmanten toskanischen Hotel angeboten werden. Der Garten der Villa Marta ist wunderbar gepflegt, bewundern lassen sich die schönen Blumen ganz bequem vom Pool aus. Auch eine neoklassizistische Kapelle gibt es, sie liegt vor dem Olivenhain und wird gerne für private Zeremonien genützt. Bewegungshungrige Gäste freuen sich über die brandneuen Fahrräder, mit denen sich die Umgebung erkunden lässt, und Leseratten finden nicht nur zahlreiche Bücher vor, sondern auch bequeme Sessel in stillen Lesewinkeln.

Hier, in diesem nach der Patronin aller Herbergen benannten *albergo* wird alle Energie in ein Ziel investiert: zum idealen Hotel zu werden. Wesentlich ist den Gastgebern, dass ihre Gäste in dem freundlichen Ambiente wirklich entspannen können. Andrea und Alessia Martinelli kümmern sich um jeden Aspekt des Hotels, was nicht nur Management bedeutet, sondern auch das Bedienen der Gäste während des Dinners und das Gießen der unzähligen Pflanzen im Garten. Mit einer Küchenchefin, die aus der Gegend stammt, und Ausstellungen lokaler Künstler gelang Andrea und Alessia das – von beiden bewusst angestrebte – Kunststück, ihr Haus zu einem Spiegelbild der Region werden zu lassen. Angeboten werden in der Villa Marta übrigens sowohl Malkurse als auch Weinverkostungen, und Andrea wird nicht müde, ständig neue Möglichkeiten aus dem Hut zu zaubern, um seinen Gästen den Aufenthalt so schön wie möglich zu gestalten. Seine offene und kommunikative Art ist so erfrischend wie ungewöhnlich unter heutigen Hotelmanagern.

In der Villa Marta wird nicht nur ein üppiges Frühstück serviert, sondern auch ein leichtes Mittagessen und ein delikates Dinner, das sich als wahres Highlight herausstellt. Botton d'Oro, das Restaurant des Hauses, ist der ganze Stolz Andreas, der hier nicht nur herzhafte regionale Gerichte serviert, sondern auch ausgezeichnete passende Weine. Die Ouvertüre spielen *antipasti*, die von den würzigen Oliven aus hauseigenem Anbau begleitet werden, darauf folgen cremige Gnocchi und eine butterweiche Lammkeule. Für die üppige Dessertauswahl bleibt danach kaum noch Platz. Küchenchefin Chiara ist nicht nur freundlich, sondern immer auch offen für konstruktive Kritik seitens der Gäste – eine Eigen-

Die großzügige Architektur des Entrees zur Villa Marta.

OBEN *Der Swimmingpool liegt inmitten eines sorgfältig gepflegten Gartens.*

GEGENÜBER *Blick auf die ehemalige Jagdvilla vom Olivenhain aus.*

schaft, die sie mit Andrea und Alessia gemein hat. Übrigens lassen sich auch Kochkurse mit Chiara arrangieren.

Seine zentrale Lage – eine Stunde von Florenz, eineinhalb von Siena und nur dreißig Minuten von der toskanischen Küste entfernt – macht die Villa Marta zu einer leicht erreichbaren Basis, um die Gegend zu erkunden. Dabei wird es zur Herausforderung, sich von der beruhigenden Stille des Hotels überhaupt wegzubewegen. Glücklicherweise bietet auch das nahe Lucca mit Museen, feinen Restaurants und verschiedenen Veranstaltungen ausreichend Nahrung für kulturell Hungrige. Und es lassen sich zwei Fliegen mit einer Klappe treffen: Nach Lucca sind es nur ein paar Kilometer, perfekt für eine Ausfahrt auf dem Rad.

CAMERE

Im Dialog mit der toskanischen Landschaft stehen auch die fünfzehn Zimmer des Hotels, die in Pastelltönen gestrichen und im traditionellen Stil gestaltet sind. Mit den schlichten Holzmöbeln und den in floralem Country-Style gehaltenen Stoffen offenbart sich der Charme der Zimmer vor allem in der Sorgfalt, mit der die spezifischen Farbpaletten ausgewählt wurden. Angenehm sind auch die Sisalteppiche, vor allem, wenn man mit nassen Füßen vom Pool kommt. Die *camera doppia deluxe* mit ihren Cremetönen und der bemalten Decke zählt zu den attraktivsten der Villa, ansonsten liegen die schönsten Zimmer in der zweiten Etage des Haupthauses und in der ersten des kleineren Nebengebäudes. Denn je höher das Zimmer liegt, desto schöner ist die Aussicht auf die Olivenhaine, die Gärten und die Monti Pisani.

GEGENÜBER *Terracottaböden und offene Deckenbalken erzählen von den Wurzeln der Villa Marta.*

IM UHRZEIGERSINN VON LINKS OBEN *Eine alte Waage als Dekoration; der schlichte Landhausstil der Zimmer; das Frühstücksbuffet besteht aus frischen Produkten der Region.*

GEGENÜBER *Jederzeit in der Villa Marta zu haben: ein Glas Wein.* | OBEN *Die schlichte Eleganz der Hotellobby.*

VILLA CABBIAVOLI

CASTELFIORENTINO, TOSKANA

Die in einem kleinen Weiler mitten im Chianti liegende Villa Cabbiavoli zu finden ist gar nicht so einfach, denn das Anwesen ist buchstäblich ein Versteck. So bietet sich der Blick auf die Villa mit den Steinsäulen und der geraniengesäumten Zufahrt auch erst dar, wenn man steile kurvenreiche, unmarkierte Sträßchen überwunden hat. Belohnt wird die mühselige Anfahrt mit dem Anblick des Anwesens – einst Sitz einer Adelsfamilie: der massive Turm aus dem zwölften sowie die Kapelle und die elegante Villa, deren Fundamente aus dem dreizehnten Jahrhundert stammen. Noch schöner wird diese typisch toskanische Architektur durch den unglaublichen Garten und die wundervollen Pflanzen, wie die Bougainvillea an der Kapelle, die einen überdachten Gang zur Terrasse bildet, und eine riesige Magnolie inmitten der Wiese.

Einen herrlichen Blick über Felder, Weinberge, Olivenhaine und Wälder hat man vom Pool aus, der sich, etwas tiefer gelegen, vor dem vorderen Garten befindet. Die Aussicht von der Villa Cabbiavoli ist schlicht atemberaubend, und das Beste daran ist, dass es zahlreiche Aussichtspunkte gibt, von denen sie sich genießen lässt. Das Highlight ist die 360-Grad-Sicht vom Turm: Weit kann der Blick über den *agriturismo* des Besitzers schweifen, und wer sich ein bisschen streckt, sieht sogar die Türme San Gimignanos. Dank der Liegestühle, die an der Brüstung auf Gäste warten, kann man hier auch verweilen.

Hinter der kleinen Kapelle mit dem Altar und den beiden Kirchenbankreihen führt eine Treppe auf die mit Stühlen und einem Kaffeetisch ausgestattete Dachterrasse, auf der man den Sonnenuntergang wunderbar genießen kann. Mit einem Ping-Pong-Tisch, Tischfußball auf der Veranda und mehreren Fernsehgeräten samt DVD-Playern eignet sich die Villa ausgezeichnet für Familien.

Das Interieur der Villa zeichnet sich insgesamt durch hervorragenden Geschmack aus. Der Eingangsbereich mit den Jagdtrophäen ist eine einzige Hymne an die Jagd, der in der Toskana oft passioniert gefrönt wird. Die Möbel und Lampen, deren Dekor Wald und Jagd thematisiert, geben dem Raum eine warme und behagliche Atmosphäre. Das traditionell eingerichtete Speisezimmer zeichnet sich durch große Ölgemälde und einen eleganten Mahagonitisch mit antiken Kerzenleuchtern aus. Einen ruhigen Platz zum Lesen findet man in der nebenan liegenden kleinen Bibliothek mit ihren Bücherschränken und den schön gerahmten alten Landkarten. Ein Schreibtisch, wo ein Internetanschluss zur Verfügung steht, und ein kleiner mit schwarzem Marmor umrahmter offener Kamin verschönern allfällige Abstecher in die Arbeit. Doch es ist der große Salon, der mit seinen ansprechenden Details, den Antiquitäten und den eleganten, mit Samt bezogenen Sofas am vollkommensten die noble Geschichte der Villa widerspiegelt. Der Kamin mit seinem Rahmen aus goldgelbem und rosa

Die Kapelle aus dem dreizehnten Jahrhundert.

Carrara-Marmor verleiht dem Raum einen warmen Ton. Komplettiert wird das wohnliche Flair des Raums durch die feinen Stoffe, mit denen die Lehnsessel bezogen sind, und die Gemälde, unter denen sich auch Familienporträts befinden.

Die abgelegene Villa Cabbiavoli garantiert Ruhe und Intimität. Dabei liegt sie nur rund dreißig Minuten Autofahrt von Florenz entfernt, was sie auch zu einer perfekten Ausgangsbasis macht, um die Toskana samt ihren wunderbaren önologischen und kulinarischen Kostbarkeiten zu erkunden. Tatsächlich stammt von den Ländereien um die Villa der aus Sangiovese- und Cannaiolo-Trauben gekelterte Rotwein mit dem schönen Namen Chianti Putto Fattoria di Cabbiavoli. Vom benachbarten Landgut der Eigentümer der Villa stammt außerdem ein respektables Extravergine-Olivenöl. Und Maria, die liebenswürdige und fleißige Verwalterin, kocht nach Vereinbarung herrliche Abendessen und ist außerdem eine unerschöpfliche Quelle, wenn es um die Feinheiten italienischer Lebensart geht, zu der sie unzählige Anekdoten in petto hat.

CAMERE

Insgesamt gibt es sechs Schlafzimmer – eines im Turm –, die alle traditionell und meist Ton in Ton eingerichtet sind. Die Schlafzimmer in der oberen Etage haben große Fenster, von denen sich über den Magnolienbaum hinweg herrlich weite Blicke über die farbenfrohe Hügellandschaft der Toskana bieten und durch die die Düfte aus dem Garten strömen. Das blaue Schlafzimmer schmückt ein Fresko, das gelbe eine prächtige Mahagoni-Kommode, und jenes im Erdgeschoß erhält seine Eleganz durch den hellgrünen seidenen Bettüberwurf.

Die Villa bezieht ihre Schönheit aus den vielen Details der sorgfältigen Ausstattungen. Stundenlang kann man durchs Haus streifen und die unzähligen dekorativen, persönlichen Kleinigkeiten betrachten, die in jedem Raum zu finden sind: Familienporträts, wertvolle Erbstücke und handgefertigte Möbel. Man kann hier nicht anders, als davon zu träumen, für immer in der Villa zu wohnen und ein Mitglied der Familie Cabbiavoli zu werden.

OBEN *Details am Sofa im Salon (links); engelhafte Akzente im Erdgeschoß-Schlafzimmer (rechts).*

GEGENÜBER *Das exquisite Interieur des Salons.*

GEGENÜBER IM UHRZEIGERSINN VON LINKS OBEN *Die Fassade der Villa; die möblierte Dachterrasse; der vordere Garten mit dem prachtvollen Magnolienbaum; das blaue Schlafzimmer.* | OBEN *Das Arbeitszimmer mit der antiken Globensammlung.*

LA BANDITA

VAL D'ORCIA, TOSKANA

BRANDNEU und das Wirklichkeit gewordene Luftschloss der Eigentümer John und Ondine Voigtmann: La Bandita wurde 2007 eröffnet, nachdem Voigtmann seine Karriere als Musikmanager aufgegeben hatte, um in der Bilderbuchlandschaft des Val d'Orcia ein Hotel aufzubauen und zu leiten. Oben auf einem weitläufigen Hügel, neben einer Schaffarm und umgeben von Land, das der UNESCO gehört (was heißt, dass es nicht bebaut werden darf) bietet La Bandita nicht nur fantastische Blicke, sondern ist auch das ultimative Refugium. Zum Hotel führt eine kurvenreiche, unbeschilderte Kiesstraße immer weiter in die Höhe, und je länger man fährt, desto intensiver werden die Gebete, dass der Mietwagen diese Fahrt überleben möge. Doch oben angekommen wirken der 360-Grad-Blick über die weiten Hügel und die sanfte Brise wie ein Balsam, der die unkomfortable Fahrt augenblicklich aus dem Gedächtnis löscht.

Voigtmann begrüßt seine einigermaßen reisekranken Gäste mit einem herzlichen Händedruck und einem Campari-Soda, um damit sofort klar zu machen, worum es in La Bandita geht: Um eine entspannte und unkomplizierte Atmosphäre, in der man sich fühlt, als wäre man zu Gast bei Freunden, und das, obwohl die Einrichtungen und der Service wahrscheinlich vieles, was man bisher kannte, in den Schatten stellen. Mit seinen zwei Steinhäusern – ein größeres, ein kleineres – wirkt La Bandita auf den ersten Blick bescheiden, doch das ist weit entfernt von der Wahrheit. Tritt man in die Lobby, glaubt man sich in ein Loft in Tribeca versetzt. Alles in diesem großen Raum ist in Weiß gehalten (bis auf die hintere in einem warmen Honigton gehaltene Wand) was sowohl die Holzrahmen der Türen und Fenster als auch die Chromplatte auf der Rezeptionstheke akzentuiert – luftiges Design, das sich vollkommen vom üblichen toskanischen Landhausstil abhebt. Integrativer Bestandteil des gesamten Interieurs sind die beiden Leidenschaften der Besitzer: Musik und Reisen. So ist das zentrale Möbelstück eine handgefertigte Hybride aus Sofa und Tisch, wo sich die beeindruckende Schallplattensammlung samt Plattenspieler befinden. Im anschließenden Salon mit Bibliothek steht nicht nur ein großes Sofa, sondern finden sich auch Bücherregale mit unzähligen, nach Regionen geordneten Reiseführern. Das ganze Hotel wirkt, als wäre es das Zuhause der Besitzer, auch wenn diese nicht hier wohnen, wenn Gäste da sind.

Mit seiner Lage auf halber Strecke zwischen Florenz und Rom sowie nahe der Renaissance-Stadt Pienza ist La Bandita eine ideale Basis, um die Schönheiten der Toskana zu entdecken oder Tagesausflüge in die beiden großen Städte zu unternehmen. Sowohl John als auch Ondine halten ein großes Reservoir guter Tipps für Unternehmungen bereit, und vor allem John ist mittlerweile ein exzellenter Event-Planer geworden. Zweimal pro Woche werden familiäre Abend-

Endlose Blicke am Pool.

essen angeboten, für die der Küchenchef typisch toskanische Gerichte zubereitet und John und Ondine die passenden Weine auswählen. Normalerweise wird das Dinner in der terracottagerahmten Pergola serviert – mit rosafarbenen Sonnenuntergängen als Kulisse. Das Frühstück wartet, wie oft in italienischen Hotels, auf einem Tablett vor der Zimmertür. Mit Snacks, Drinks und Espresso, der hier nie versiegt, kann man sich den ganzen Tag lang versorgen. Keine fünfzig Meter von den Häusern entfernt und auf dem einzigen Stück Land, für das John eine Bauerlaubnis von der hartnäckigen italienischen Bürokratie erhielt, liegt der Infinity-Pool, ein idealer Ort, um zu entspannen, dem Wasserplätschern zuzuhören und über die gelb-braune Patchwork-Landschaft der Toskana zu schauen. Ein anderer heiterer Zeitvertreib auf La Bandita ist das Nachbarn-Beobachten: Zwei weiße Regiesessel sind perfekt so auf einem kleinen Hügel positioniert, dass man mit Muße den Schafen zusehen kann, wenn sie zweimal am Tag zur Tränke getrieben werden. Am besten beschreiben kann man das Leben auf La Bandita vielleicht wirklich mit der täglichen Routine der Schafherden: einfach und stressfrei. Fern von plakativem Luxus hat La Bandita, was viele kleine Hotels gerne hätten: Authentizität und Individualität.

CAMERE

Die acht Zimmer sind einfach, ungewöhnlich und doch sehr behaglich. Die zentrale Idee bei der Gestaltung des Interieurs war, typisch toskanische Materialien wie Terracotta, Stein und eine spezielle, auf Zement basierende Art der Wandmalerei auf sehr ungewöhnliche Weise zu verwenden. Die Rahmen der Himmelbetten sind aus Terracotta angefertigt und eine Erfindung der Besitzer. Die Böden wiederum sind mit Steinfliesen mit seidiger Oberfläche verlegt, was – erzählt Ondine – für die italienischen Handwerker geradezu schockierend war. Die wenigen farbigen Wände wurden mit derselben Mischung aus Zement, Wasser und Farbe gestrichen, wie man sie auch für Fresken verwendet. Eine Mixtur, die sich vollkommen mit der Wand verbindet und einen Effekt schafft, der gleichermaßen dramatisch und eigenwillig ist. Ungewöhnliche und stylishe Einrichtungsgegenstände wie grüne ausklappbare Schreibtische, weiße plüschige Decken und mit üppigen Kissen ausgestattete Chaiselongues machen die Räume nicht nur individuell, sondern auch praktisch. Die Wände der Badezimmer mit den offenen Walk-in-Duschen sind in einem tiefen Blau gestrichen, der Duschkopf an der Decke ist würfelförmig und hat eine eingebaute Lampe. Dreht man die Dusche auf, ergießt sich ein leuchtender, dampfender Wasserstrahl, was von einem vorteilhaft angebrachten, hohen Spiegel reflektiert wird.

Ondine ist Reisejournalistin und auf der ganzen Welt unterwegs, wo sie unzählige Hotels besucht. Das ist wohl der Grund dafür, warum die Bettwäsche, die Bademäntel und Pflegeprodukte auf La Bandita das Beste sind, was man auf dem Markt bekommen kann. Die Bettwäsche stammt von Busatti, die Pflegemittel von Eau d'Italie, Farmacia di Santa Maria Novella sowie Chianti Cashmere und die Bademäntel stammen von Boca Terry, die das Ehepaar erstmals im Raleigh Hotel in Miami entdeckte. Die meisten Zimmer befinden sich im Haupthaus, während es im zweiten Gebäude, Schweinestall genannt, eineinhalb Schlafzimmer und eine Küche gibt, was ideal für ein Ehepaar mit kleinem Kind ist. Man kann aber auch das ganze Anwesen, in dem sechzehn Personen schlafen können, mieten. Wer das tut, bekommt eine tägliche Haushaltshilfe, Concierge, einen Willkommenskorb mit Lebensmitteln und einen privaten Küchenchef auf Bestellung.

Still und schlicht wirkt der Salon in der ersten Etage (links); John Voigtmanns exquisite Besitztümer.

OBEN *Terracotta in seiner modernen Verwendung auf La Bandita.*

GEGENÜBER *Der Sonnenuntergang spiegelt sich in der Eingangstür von La Bandita.*

IM UHRZEIGERSINN VON LINKS OBEN *Eine Erfindung der Besitzer: der Bettrahmen aus Terracotta; Pflegemittel und Badeprodukte in der Schweinestall-Suite: Nur das Beste ist für die Gäste von La Bandita gut genug.*

GEGENÜBER *Die beleuchtete Dusche.*

IL FALCONIERE

CORTONA, TOSKANA

Buchstäblich »unter der Sonne der Toskana« (Frances Mayes, Autorin des gleichnamigen Buches, wohnt in der Nähe und ist eine Freundin von Riccardo und Silvia Baracchi, den Besitzern) liegt Il Falconiere an der Flanke eines Hügels und nicht weit entfernt von der Etrusker-Stadt Cortona. Das Anwesen datiert in das siebzehnte Jahrhundert zurück und war einst das Heim des Poeten Antonio Guadagnoli. Die Weitläufigkeit des Besitzes erlaubt nicht nur eine schöne Auswahl unterschiedlicher Zimmer, sondern auch eine ganze Reihe verborgener Plätze, an denen sich die Schönheit der Landschaft genießen lässt. Mit zwei Pools, einem Michelin-besternten Restaurant samt Panoramaterrasse, einer Kapelle, einer Kochschule und einem Weinkeller, in dem die Weine aus den Trauben der Weinberge, die das Gut umgeben, reifen, ist Il Falconiere eher Dorf als bloß *agriturismo*.

Seit 1860 gehört Il Falconiere der Familie Baracchi, die das Gut als Landwirtschaft mit dem Hauptaugenmerk auf Wein- und Olivenölerzeugung führte. Als Riccardo Baracchi es 1989 übernahm, entschloss er sich mit seiner Frau Silvia, ein Restaurant im restaurierten Gewächshaus zu eröffnen. Vier Jahre später wurden neun Räume neben dem Restaurant zu Gästezimmern umgebaut und damit das Hotel eröffnet – Riccardo und Silvia Baracchis *piccolo mondo* war entstanden. Wiederum einige Jahre später wurden auch die umliegenden Gebäude restauriert, ein neuer Pool angelegt, weitere Gästezimmer eingerichtet, die Kochschule – geleitet von der begabten Silvia – eröffnet und der Weinkeller für Riccardos Weinproduktion revitalisiert. Im Jahr 1997 schließlich wurde Il Falconiere, das nun über zwanzig Gästezimmer und ein renommiertes Restaurant verfügte, in den Katalog der prestigeträchtigen französischen Relais & Chateaux-Hotels aufgenommen. Riccardo Baracchis Vision der ersten Stunde war damit Realität geworden. Heute hat er das Gefühl, dass Il Falconiere alles hat, was es braucht, um zu bestehen.

Die Aussicht, die man von Il Falconiere hat, erinnert an ein grandioses Gemälde, vor allem, wenn die Hügel in dieses weiche fuchsia-rote Licht getaucht sind, das nur toskanische Sonnenuntergänge haben. Und wenn man an der Bar sitzt, an einem Glas Rotwein nippt, dessen Sangiovese-Trauben in dem Weingarten reifen, auf den man blickt, und der Sonne zusieht, wie sie langsam hinter dem Horizont verschwindet, wähnt man sich fast in einer Filmkulisse.

Der Name Il Falconiere rührt von der Jagdleidenschaft Riccardo und Silvia Baracchis, aber auch von der klassischen Kunst der Falknerei. So schmückt der Falke nicht nur die Weinetiketten, sondern auch die Broschüren und Visitkarten des Hauses. Doch am schönsten ist der leibhaftige Vogel: Ein Falke, den Silvia aufgezogen hat, lebt und brütet auf dem Anwesen. Überhaupt wird der Natur hier breiter Raum gelassen. Dies zeigt

Rurale toskanische Eleganz: die Cantina Suite auf Il Falconiere.

sich nicht nur an den Tieren (auch den zwei großen Hunden Riccardos und Silvias) und daran, dass Gäste mit Haustieren willkommen sind, sondern auch in der Hingabe, mit der sich die beiden dem Land und seinen Früchten widmen.

Momentan ist Riccardo begeistert von seiner allerneuesten Entwicklung: einem Prosecco aus Sangiovese-Trauben. Von den tausend Flaschen werden diesmal vielleicht nur die Hälfte überleben, aber er führt mit leuchtenden Augen vor, wie er und sein Sohn Benedetto mit einer kleinen Handbewegung jede einzelne Flasche bewegen, bis der Prosecco die volle Reife hat.

Im Restaurant auf Il Falconiere zu dinieren, ist ein unvergessliches luxuriöses Erlebnis. Das beginnt bereits mit den fünf verschiedenen Brotsorten, die von Kellnern in weißen Smoking-Sakkos zum hauseigenen Extra-vergine-Olivenöl serviert werden – beides ist wie eine Ouvertüre zu jenem Purismus, mit dem auf Michelin-Sterne-Niveau gekocht wird. Hier auf Diät zu sein, wäre ein Verbrechen gegenüber dem uralten Mantra *carpe diem*. Und auch wenn es gegenüber den delikaten frischen Raviolini und der zarten *bistecca* höchst ungerecht ist: Fast das Beste an dem ganzen Genuss sind die Desserts. Der drehbare Dessertaufsatz ist eine einzige süße Verführung (samt einem wundervollen Schokolade-Pistazien-Mousse), der man nicht entgeht.

CAMERE & SUITE

Den schönsten Blick hat man von der Cantina Suite: Von hier aus überblickt man das gesamte Anwesen inklusive der Weinberge. Auf der Terrasse der Suite kann man einen ruhigen Nachmittag mit einem guten Buch verbringen und eine romantische Dämmerstunde. Das Interieur zeichnet sich durch rustikalen Charme aus: ein großer geschnitzter Bettrahmen und ein antikes, gemaltes Betthaupt bekrönt von einem drapierten Betthimmel. In der großzügig bemessenen Suite gibt es eine vollständige Sitzgruppe, einen offenen Kamin, einen Fernsehapparat sowie einen wunderschönen Schreibtisch. Die kleinen rechteckigen Fenster wirken wie Bilder der umgebenden Landschaft und machen den Raum intim und behaglich. Außerdem verfügt die Suite über ein Hinterzimmer, das als begehbarer Schrank dient, in dem sich auch die Minibar und eine große Kommode sowie ein kleines Loft mit zwei Einzelbetten befinden. Damit eignet sich die Suite zwar ideal für eine Familie mit Kindern, doch sie allein für sich zu haben, ist purer Luxus.

Das Frühstück wird unter der Pergola serviert.

IM UHRZEIGERSINN VON LINKS OBEN *Handgefertigte Lampen und Betthäupter in den Zimmern; ein Detail des Bettes in der Cantina Suite; als wäre es ein Landschaftsbild: ein Fenster in der Cantina Suite.*

OBEN *Die Suiten im Nebengebäude.* | GEGENÜBER *Von der Terrasse der Cantina Suite sieht man bis zum Monte Amiata.*

VILLA CASTELLETTO

MONTICCHIELLO, TOSKANA

VERBORGEN in der Postkartenlandschaft des Val d'Orcia und nur über eine unbefestigte Straße erreichbar, liegt nahe der mittelalterlichen Stadt Monticchiello die Sieben-Schlafzimmer-Villa des Architekten Michele Cantatore, der das seiner Auskunft nach über tausend Jahre alte Steinhaus liebevoll gemeinsam mit seiner verstorbenen Frau Emanuela Stramana restauriert und eingerichtet hat. Früher, als Emanuela noch lebte, wohnten sie selbst hier. Doch nun zieht er ein kleines Appartement in der Nähe seines Büros in Monticchiello vor und vermietet das Haus den größten Teil des Jahres. Gepflegt werden die Villa, ihr eindrucksvoller Garten und der Pool von einem freundlichen Verwalter, der mit seinem Sohn auf dem Anwesen lebt. Das ganze Haus mit all seinen Schätzen erzählt von den vielen glücklichen und fruchtbaren Jahren, die Cantatore und Stramana hier verlebten. Um das wirklich schätzen zu können, sollte man sich von Michele Cantatore durch das Haus führen lassen: Wenn er, mit seinen Terriern im Schlepptau, erzählt, wie seine Frau und er an das Marmorwaschbecken, das ursprünglich den Medici gehörte, kamen, oder wie seine Frau ihren Sonnenhut an einen der Balken im hinteren Eingang hing, was ihr so gut gefiel, dass sie dem einen zwanzig weitere hinzufügte, dann wird jedem warm ums Herz. Einblick in das beneidenswerte toskanische Dasein des Paares gibt auch die Küche, in der ein großer Eichentisch zugleich als Esstisch und Arbeitsfläche dient. Von der Decke hängen getrocknete Kräuter, die Wände über dem Herd zieren gusseiserne Pfannen und aufgeschlagen auf einem Lesepult liegt, einem Fenster in die illustre Vergangenheit dieser Küche gleich, ein Kochbuch.

Dank der Lage der Villa auf einem Hügel hat man weite Blicke über einen Eichenwald, kleine Weingärten und Olivenhaine bis zum berühmten Monte Amiata. Im Garten der Villa wachsen Kräuter, die noch Emanuela Stramana gepflanzt hat, Obstbäume und Myriaden von Blumen. Da Cantatore und seine Frau die Villa selbst revitalisiert haben, sind seine Erklärungen auch sehr lehrreich: Er beschreibt nicht nur die Prozeduren, die nötig waren, um das uralte Haus herzurichten, sondern präsentiert auch bemerkenswerte Einzelheiten: Da ist ein achthundert Jahre alter Olivenbaum, dort ein Teil der Originaltreppen, die noch zum klassischen Pilgerweg von Frankreich nach Rom – die *via Frangicena* – gehörten und ein verborgenes Gewölbe, in dem die Bauern der Umgebung früher Milch für pilgernde Frauen und deren Kinder bereitstellten. Besonders schön an der Fassade der Villa sind die mit Efeu bewachsenen hohen Bögen, hinter denen sich ebenerdig und im ersten Geschoss Loggien verbergen: Oben wachsen rote Geranien über die Brüstung, unten säumen ausladende Rosmarinbüsche die Veranda – eine Reminiszenz an jene Zeit, als sich die

Die sonnige Loggia vor dem großen Schlafzimmer.

OBEN *Das Gästehaus der Villa.*

GEGENÜBER *Die mit Efeu überwachsene Fassade der Villa Castelletto.*

wahre Grandezza eines Hauses noch an seinem Garten ablesen lies.

Angelegt ist das Anwesen rund um einen Innenhof, in dem einst die Tiere untergebracht waren. Heute bildet er die perfekte Kulisse für Diners unter freiem Himmel, die an je einer Seite eines großen Birnbaums aufgestellt sind und die eine Weinlaube vor der prallen Sonne schützen. Gegenüber dem Haupthaus liegt ein überdachter Unterstand, in dem früher Geräte und Kutschen untergebracht waren, der zu einem charmanten Patio inklusive Traumblick über den Garten und die Landschaft umgestaltet wurde. Zwischen Pienza und Montepulciano gelegen, bietet die Villa die Möglichkeit, die Gegend zu erkunden und ausgiebige Weinverkostungen zu unternehmen. Und im mit dem Auto bloß fünf Minuten entfernten Monticchiello findet man nicht nur ein paar Läden, sondern auch ausgezeichnete Restaurants wie das viel gepriesene La Porta.

CAMERE

Das Interieur der Villa trägt die Handschrift Emanuela Stramanas, die den Großteil der Möbel auf Antiquitätenmärkten um Montepulciano fand. Einige Details jedoch sind Reverenzen an eine Reise nach Venedig und auch an jene Zeit, als das Ehepaar in Afrika lebte. Das Haus ist winterfest und hat sowohl im Erdgeschoss als auch in der oberen Etage je einen großen offenen Kamin. Die Wände der beiden Doppelzimmer im oberen Geschoss des Haupthauses strahlen in einem warmen toskanischen Goldgelb und haben Himmelbetten mit Musselindecken. Jedes der Schlafzimmer verfügt über ein eigenes Badezimmer. Außerdem gibt es ein separates Gästehaus mit einem kleinen Wohnzimmer, einem Schlafzimmer und einem Bad, in dem eine Familie mit einem kleinen Kind bequem untergebracht werden kann.

GEGENÜBER *Eines der Schlafzimmer – stilecht mit offenem Kamin.*

IM UHRZEIGERSINN VON LINKS OBEN *Überall im Haus finden sich solche Kunstschätze; die Küche der Villa; die Bibliothek.*

CASTELLO DI VICARELLO

POGGI DEL SASSO, TOSKANA

BEREITS der Anblick dieses in splendider Einsamkeit liegenden römischen Kastells aus dem zweiten Jahrhundert ist grandios – ein paar Tage hier zu verbringen nicht weniger. Nach einem Badetag am Meer oder einer Weinverkostung in Montepulciano in das Castello zurückkehren zu können, ist ein ausgesprochenes Privileg. Nicht nur, weil das antike Gemäuer von atemberaubender Schönheit ist und inmitten des berauschenden Dufts gepflegter Wiesen, Blumen und Kräuter liegt, sondern auch weil es Wärme ausstrahlt. Das mag an der facettenreichen Geschichte des Anwesens liegen, vielleicht auch an seiner verborgenen Lage inmitten von Feldern und Wäldern, wahrscheinlich jedoch an den Eigentümern Aurora und Carlo Baccheschi Berti und ihren liebenswerten halbwüchsigen Söhnen. Überall ist hier die Hand der Familie Baccheschi Berti zu spüren – von der sorgfältigen Renovierung durch Carlo bis zur Gestaltung des Interieurs durch Aurora. Kein Wunder, ist das halbe Castello doch die Wohnung der Familie, was heißt, dass man als Gast auf dem Castello di Vicarello tatsächlich Gast der Familie ist. In den bald vierzig Jahren, in denen das Anwesen nun den Baccheschi Berti gehört, wandelte es seinen Charakter vollkommen. Carlo hat seine erfolgreiche Karriere in der Filmbranche aufgegeben und gemeinsam mit Aurora jene Hälfte, die sie nicht selbst bewohnten, in vier Suiten und danach zwei Anbauten in eine weitere Suite und ein Gästehaus mit zwei Schlafzimmern umgestaltet.

Für Carlo ist jeder Gast ein potentieller Freund: Charmante Gäste verwöhnt er gerne mit einem Glas seines privaten Cabernets, und fühlt er sich dem einen oder anderen besonders zugetan, dann lädt er ihn auf seine Dachterrasse unter einem funkelnden Sternenhimmel ein. Was einen Aufenthalt im Castello di Vicarello so besonders macht, ist die unerschütterliche Aufrichtigkeit der umgänglichen Gastgeber, die ihre Leidenschaft für das Castello und das Land ringsum mit ihren Gästen teilen, indem sie diese offene und einladende Atmosphäre schaffen. Man sollte sich also nicht wundern, wenn Aurora einen in die Küche winkt, damit man ihr beim Zubereiten des Desserts für das Abendessen Gesellschaft leisten kann, oder wenn Carlo an einem Gast Interesse für Wein entdeckt und ihn daraufhin zu einem Spaziergang durch seinen Weingarten einlädt, um dann auch eine Flasche seines Weines zum Diner mitzubringen.

Zwei Infinity-Pools wurden auf dem weitläufigen Grundstück angelegt: vom Marmorpool aus sieht man an klaren Tagen über das Tal bis zum Meer; das andere liegt im Garten, bietet ebenfalls einen herrlichen Blick und ist von Teakholzstegen, Lavendel und Olivenbäumen umgeben. Die gepflegten Wiesen werden von Rosen-, Jasmin- und Lavendelbüschen sowie von Zitronen-, Oliven und Birnbäumen gesäumt.

Die Wärme des Morgens: der Frühstücksraum im Castello di Vicarello.

Dank des komfortablen toskanischen Interieurs und der offenen Kamine, die behagliche Winternächte versprechen, ist das Castello das ganze Jahr über geöffnet. Zur Jagdsaison bietet Carlo mit dem nahe gelegenen Valle di Buraino ein nahezu 316 Hektar großes Revier, wo er Wildschweinjagden inklusive Abendessen und Siegerehrung organisiert.

Die Diners auf dem Castello – mit Aurora in der Küche und Carlo draußen im Weingarten – bestehen aus den Früchten und Kräutern des eigenen Gartens sowie Käse, Fisch (das Meer liegt nur eine Stunde Autofahrt entfernt) und Fleisch aus der Umgebung. Gästen werden hier aber auch selbst produziertes Olivenöl und organisch-biologische Weine aus dem Eigenbau offeriert (Kochkurse mit Aurora und Weinverkostungen mit Carlo gibt es auf Anfrage). Sowohl Mittag- als auch Abendessen wird in dem idyllischen Innenhof zwischen den beiden Gebäudeflügeln des Kastells serviert. Niederlassen kann man sich hier entweder an dem langen Eichentisch vor dem Wohnzimmer der Familie oder an einem etwas abseits stehenden runden Tisch, der sich in der Nähe des Eingangs befindet. Unter Weinlauben stehen beide.

Mit allerlei Expansionsplänen – ein kleines Spa, ein Yoga-Studio – wird das Castello di Vicarello nicht für immer *der* Geheimtipp sein. Glücklicherweise bleiben die bestehenden Größen erhalten: Aurora und Carlo Baccheschi Berti.

CAMERE, SUITE & CASA

Die Ausstattung der sechs Zimmer und Suiten im Castello – die man übrigens auch exklusiv im Gesamten mieten kann – demonstriert nicht nur den persönlichen Geschmack Auroras, sondern auch ihr vergangenes Leben: Viele Möbelstücke, inklusive eines stattlichen Himmelbetts aus Mahagoni, stammen aus Indonesien, wo Aurora achtzehn Jahre lang gelebt hat und wo ihre große Sammlung indonesischer und balinesischer Möbel und Stoffe zusammenkam, darunter Bambusparavents und ein reich ornamentiertes Tagesbett. Ein Zimmer im Castello sucht man sich am besten danach aus, wie viel Privatsphäre man haben möchte: Die vier Gästezimmer liegen auf der anderen Seite jenes Innenhofs, wo sich auch die Privaträume der Familie befinden. Hier nimmt man Teil am Kommen und Gehen der Baccheschi Berti. Die Villen Sassi und Chiesina dagegen befinden sich in einiger Entfernung vom Familienleben und können wöchentlich gemietet werden. Durch die Erkerfenster der Villa Sassi hat man weite Blicke über die Landschaft und – an besonders klaren Tagen – sogar bis zum Meer. Das Badezimmer ist herrlich großzügig geschnitten und verfügt nicht nur über eine große steinerne Dusche, sondern auch eine weiche Frottee-Chaise longue. Die Sensation aber ist der mittlere Salon mit seiner Wand aus gläsernen Schiebetüren, durch die man von drinnen die Landschaft genießen kann. Doch wenn diese Türen ganz geöffnet sind, dann bauscht der sanfte Wind die leinenen Vorhänge und füllt das Zimmer mit dem Duft von Jasmin.

Die Villa Chiesina dagegen ist ein ganzes Haus mit zwei Schlafzimmern, einer Küche und einer eigenen Terrasse. Vom oberen, in erfrischend neutralen Cremetönen gestrichenen Schlafzimmer hat man einen wunderbaren Blick über die Hügel bis zum fernen Meer. Jedes Zimmer im Castello di Vicarello hat seinen eigenen Charakter, den Aurora oft mit nur einem Detail zu schaffen versteht: im einen ist es ein indonesisches Tagesbett, im anderen ein steinumrandeter offener Kamin und eine behagliche Sitzgruppe. Sämtliche Details in den Zimmern geben den Gästen das Gefühl, persönliche Freunde der Gastgeber zu sein.

Der Innenhof des antiken Kastells im Sonnenuntergang.

GEGENÜBER *Das einladende Schlafzimmer der Villa Sassi.*

IM UHRZEIGERSINN VON OBEN LINKS *Das Badezimmer und das luftige Wohnzimmer der Villa Sassi; eine purpurfarbene Artischocke ziert den Salon des Haupthauses.*

OBEN *Blick auf das Castello vom Gartenpool aus.* | GEGENÜBER *Schön für einen Abendspaziergang: die weite Anlage des Castellos.*

VILLA MANGIACANE

SAN CASCIANO, TOSKANA

Erreicht man das herrschaftliche, von massiven Steinsäulen mit eindrucksvollen steinernen Hunden (*mangiacane* heißt »der Hund, der isst« oder auch »iss den Hund«) flankierte Tor, geht man auf eine Reise in die Vergangenheit, als solche Villen nicht nur zum Vergnügen, sondern vor allem zu Repräsentationszwecken errichtet wurden. Die Villa thront – nicht mehr als dreißig Minuten Autofahrt von Florenz entfernt – hoch auf einem Hügel voller Weingärten und blickt direkt auf Brunelleschis wunderbare Domkuppel. Man sieht den Dom übrigens wie durch ein Schlüsselloch durch ein Stück Wald, das gerodet wurde, und zwar vom einstigen Bewohner der Villa: Es war niemand Geringerer als Nicolo Macchiavelli, der sich hier in der Villa seines Onkels aufhielt, als ihn die Medici während ihrer Regentschaft in Florenz ins Exil geschickt hatten. Die großartige Villa aus dem sechzehnten Jahrhundert, von der es heißt, auch Michelangelo hätte an ihrer Gestaltung mitgewirkt, wurde 1645 von den Marchesi Mazzei erworben, die das Anwesen erst im Jahr 2000 an den südafrikanischen Unternehmer und Weinconnaisseur Glynn Cohen verkauften. Damals war die Villa fast eine Ruine und Cohen, der sie ursprünglich nur für seinen privaten Gebrauch haben wollte, investierte all seine Zeit und seine Ressourcen in ihre glanzvolle Wiederauferstehung. Er war es auch, der sich der ursprünglichen Wurzeln besann und hier wieder Wein zu produzieren begann. Dafür engagierte er Alberto Antonini, früher Önologe bei Antinori, der wieder erstklassige Weine produzieren sollte, so wie das hier bereits vor fünfhundert Jahren geschehen war. Heute werden sowohl ein ausgezeichneter Chianti Classico als auch ein Chianti Classico Riserva auf Flaschen gezogen.

Als Cohen die Villa schließlich von Grund auf revitalisiert, sie vom Boden bis zur Decke mit grandiosen Antiquitäten gefüllt und ihre acht Schlafzimmer unter anderem mit Betten, deren Rahmen aus indischem Sterling-Silber bestehen, ausgestattet hatte, erkannte er ihr Potential als Hotel. Am Anfang, nachdem er den Plan in die Tat umgesetzt hatte, wurde Villa Mangiacane ausschließlich durch Mund-zu-Mund-Propaganda empfohlen, heute gehört sie zur Stein-Gruppe. Außerdem wurde hinter dem Haupthaus ein altes toskanisches Bauerngut umgebaut: In der Villa Vignetta warten achtzehn dekadente Suiten, manche mit kleinem Pool, auf Gäste.

Der spezielle Charakter der Villa entsteht durch ihren Stilmix: Man bewahrt das große italienischen Erbes, wehrt sich gleichzeitig aber nicht gegen modernes, ja funkiges Design und schafft es auch noch, auf die südafrikanischen Wurzeln Glynn Cohens zu verweisen. Am besten erkennt man das an den Pools: Der eine bei der Villa Vignetta ist ein moderner Infinity-Pool, dessen strahlendweiße Sonnenzelte und die Poolbar mit den weißen Ledermöbeln aussehen, als

Das fabelhafte Silberbett in einem der Deluxe-Zimmer der Villa Mangiacane.

kämen sie geradewegs aus Südafrika. Der Pool beim Haupthaus dagegen stammt aus der Erbauungszeit der Villa und fasziniert mit einem steinernen Löwenbrunnen. Eiserne Liegen und eine mit wildem Wein überwachsene Pergola, unter der auch gegessen wird, evoziert hier die Ästhetik eines englischen Gartens. Insgesamt aber verströmt die Villa die Atmosphäre der großen Zeit der Renaissance.

Ein weiterer Beweis für die geglückte Fusion zwische Geschichte und Gegenwart ist das Spa der Villa, das aus einem Indoor-Pool, drei Massageräumen, Sauna, Dampfbad und einem kleinen Fitnessraum besteht. Im Vorraum des Spas steht eine große weiße Couch, an den Wänden hängen Schwarz-Weiß-Aktfotografien von Frauen, die im Garten der Villa aufgenommen wurden, und durch ein Fenster sieht man in den Weinkeller. Ob all diese Gegensätze nun Cohen zu verdanken sind oder einem Team von einfallsreichen Designern, ist nicht weiter wichtig – was zählt, ist die Faszination dieser Villa. Was sicher mit Cohen direkt in Verbindung steht, sind die Skulpturen aus Simbabwe auf dem Rasen vor der Villa. Sie sind käuflich zu erwerben und haben zum Ziel, die Kunst dieses Landes in die Welt zu tragen.

Hier braucht sich der Gast mit nichts anderem zu beschäftigen als damit, sich zu entspannen. Mit zwei Pools, zwei Speiseräumen für mittags und einem eleganten Speisesaal für das Diner, dem Spa und der enorm großen Loggia mit Blick auf Florenz, auf der das Frühstück serviert wird, ist das der perfekte Ort, um sich richtig zu erholen. Wer etwas unternehmen möchte, ist schnell in Florenz oder Siena oder kann sich auf lange Spaziergänge in den Weinhügeln begeben.

CAMERE & SUITE

Die sechsundzwanzig Zimmer und Suiten, aufgeteilt auf die Villa Mangiacane und die Villa Vignetta, präsentieren sich in völlig unterschiedlichen Stilen. Die Deluxe-Zimmer der Villa Vignetta und ihre Junior Suiten faszinieren ihre Gäste mit witzigen, zeitgeistigen Designdetails und unleugbar mit purer Dekadenz. Die Stile der Zimmer sind verschieden (eines ist ganz in Schwarz-Weiß gehalten samt Zebra-Bezügen der Polstermöbel), doch alle haben perfekte Betten und feinste Bettwäsche. Das Bett im Zimmer No. 33 in der zweiten Etage der Villa Vignetta hat einen hellbraunen ledernen Bettrahmen, seine Matratzen und Polster aber dürften mit allen Gänsedaunen gefüllt sein, die man in Italien nur auftreiben konnte. Hier morgens aus dem Bett zu kommen, ist fast unmöglich. Was dann aber doch lockt, ist der lederumrandete runde Jacuzzi mit den wunderbar duftenden Badeprodukten, die von der italienischen Firma Zanzare stammen.

Die Ausstattung in der Villa Mangiacane ist traditioneller: Herrliche Seidenstoffe, mit denen die Möbel des Salons bezogen sind, setzen den Standard für die Gästezimmer. Das Deluxe-Zimmer im Erdgeschoss der Villa ist zwar nicht besonders groß, unter den Stammgästen aber berühmt : Den ganzen Tag über ist das Zimmer lichtdurchflutet und erstrahlt in bemerkenswerter Schlichtheit und Schönheit. Mit seinen hellgelb gestrichenen Wänden und dem dominierenden Sterling-Silber-Bett strahlt es eine Unschuld aus, als käme es direkt aus einem viktorianischen Kinderbuch. Vielleicht ist es die Zusammenstellung aus gelben Wänden, blau-weißen Porzellanlampen, hauchzarten Bettvorhängen und Orchideen, die das Zimmer so freundlich und idyllisch machen. Wahrscheinlich aber ist es doch das unglaubliche Bett. Die Terrassen-Suite im obersten Geschoss des Haupthauses zeichnet sich durch ihre hohen Decken, nach Vorlagen aus dem siebzehnten Jahrhundert gefertigte Textilien, Antiquitäten und vor allem ihren weiten Blick über die Weinberge bis nach Florenz aus. Gleichgültig, ob man eine Suite oder ein Zimmer im Haupthaus oder in der Villa Vignetta nimmt: Grandezza in jedem Detail der Räume ist garantiert. Wenn aber die Aussicht eine Voraussetzung ist, sollte man sich unbedingt für die Villa Mangiacane selbst entscheiden.

IM UHRZEIGERSINN VON LINKS OBEN *Designdetail aus Blüten und Wasser; das Gestaltungsprogramm einer Suite in der Villa Vignetta; das elegante Interieur des Deluxe-Zimmers im Erdgeschoss.*

OBEN *Opulente Möbel im Salon der Villa Mangiacane (links); Macchiavellis Blick von der Loggia (rechts).*

GEGENÜBER *Die pfirsichfarbene Fassade der Villa Mangiacane.*

HOTEL LUNGARNO

FLORENZ, TOSCANA

DIESES Hotel in prominenter Lage am Südufer des Arno als Refugium zu bezeichnen, wäre wohl ein Euphemismus. Doch die Zimmer sind bemerkenswert stylish und frisch, haben Klasse und bieten in dieser Stadt der traditionellen, geschichtsbewussten Eleganz zeitgemäße Kultiviertheit. Charakteristisch für dieses Aushängeschild der Ferragamo-Hotelgruppe ist sein Hochglanz-Look: Mit der Glaswand der Lobby direkt über dem Arno hat man das Gefühl, sich auf einer Hochsee-Yacht zu befinden, was durch die weißen Sofas und die auf Hochglanz polierten Kaffeetische aus Mahagoni noch unterstrichen wird. Andererseits scheinen die Wendeltreppe, der alte Aufzug aus Messing, vor allem aber die Suite Torre mit ihren unverputzten Ziegelwänden tief in der Geschichte der Stadt Florenz zu wurzeln.

Einen verspielten Ton in die klare und schnörkellose Ausstattung der Lobby und der Bar im Erdgeschoss bringen die tiefblauen, plüschigen Umrandungen der strahlend weißen Kissen auf den Sofas und Sesseln. Und weil das ganze Hotel mit kabellosem Internetzugang ausgestattet ist, sind sowohl die Lobby als auch die kleine Terrasse immer von glücklich-entspannt surfenden Gästen und ihren Laptops bevölkert. Die Zahl der in Florenz studierenden jungen US-Amerikaner ist ununterbrochen im Steigen begriffen. Darauf hat die Hotellerie reagiert, indem die Häuser nicht nur modern ausgestattet wurden, sondern auch perfekt Englisch sprechendes Personal eingestellt wurde. Das Hotel Lungarno ist noch einen Schritt weiter gegangen und hat das trendige Ristorante San Jacopo eröffnet, das man auch direkt von der Straße aus betreten kann. Das von diesem Restaurant angezogene junge, urbane Publikum macht das Hotel ausgesprochen lebendig und modern. Es sind vor allem die ausgezeichnete Küche und die schicke Ausstattung, die es zur gleichermaßen populären und exklusiven Adresse der fashionablen Florentiner werden ließ.

Die Wände im Hotel dienen auch als moderne Kunstgalerie, wo man sowohl die Arbeiten zeitgenössischer Künstler als auch zahlreiche Modeskizzen betrachten kann, wobei Letztere mehr oder minder subtil daran erinnern, wem dieses Haus gehört. Das Hotel Lungarno liegt auf der ruhigeren Seite des Arno, und zwar dort, wo sich auch die Boboli Gärten befinden. Dennoch ist es ein idealer Ausgangspunkt, um Florenz zu erkunden: Zum Ponte Vecchio bespielsweise sind es gerade einmal dreißig Meter. Und es gehört zum Besten an einem Aufenthalt in diesem Hotel, nach einem langen Tag ausgiebiger Besichtigungstouren hierher zurückzukehren, einen *aperitivo* auf der Terrasse zu nehmen oder einfach vom Fenster seines dem Arno zugewandten Zimmers über die Stadt zu blicken.

Kunst an den Wänden des Ristorante Borgo San Jacopo im Hotel Lungarno.

CAMERE & SUITE

Die Ausstattung der dreiundsiebzig Zimmer erinnert an den sorgfältig geschneiderten Matrosenanzug eines kleinen Jungen: gestärktes weißes Leinen, cremefarbene Kopfteile an den Betten mit marineblauem Banddekor, weiße und blaue Details an den Polstermöbeln und hellblaue Wände. Die bequemen Doppelbetten verfügen über durchgehende Matratzen, flauschige Kissen und leichte Decken. Die Sauberkeit, die diese Räume vermitteln, machen sie gerade nach einem langen Tag zwischen Touristen, Museen und dem Staub einer uralten Stadt besonders einladend. Zu den Interieurs zählen auch elegante Schreibtische, komfortable, mit Samt bezogene Sofas und bis zum Boden reichende üppige Vorhänge. Wem diese Ausstattung übrigens besonders gut gefällt: Beim Lungarno Wohnausstatter genau gegenüber unter den Lungarno Suites kann man sie kaufen (selbst die weichen grauen Stoffe, mit denen die Restaurant-Stühle bezogen sind, und die Schreibtische mit der ledernen Schreibunterlage gibt es hier). Den schönsten Blick über Florenz bieten die Zimmer in der sechsten und siebten Etage. In dieser Hinsicht besonders luxuriös sind die Zimmer im sechsten Geschoss, die über eigene ausgestattete Terrassen verfügen, wo man ganz für sich mit Blick über die Dächer der Renaissancestadt dinieren kann. Von der Terrasse des Zimmers No. 654 blickt man geradeaus auf Brunelleschis Dom und rechts auf den Ponte Vecchio. Wer morgens frühzeitig aufsteht und sich das Frühstück auf dieser Terrasse servieren lässt, kommt in den Genuss eines Sonnenaufgangs über dem Arnotal – eine optische Sensation, die nur noch vom goldenen Sonnenuntergang über der klassischen Skyline von Florenz übertroffen werden kann.

Maßgeschneiderte Details an den Möbeln der Lobby und der Zimmer.

GEGENÜBER *Die Behaglichkeit der Zimmer.* | OBEN *Traumblick von der Terrasse des Zimmers No. 654.*

TORRE DI BELLOSGUARDO

FLORENZ, TOSKANA

Klassische Schönheit: ein Treppenhaus im Torre di Bellosguardo.

DIESES Hotel in den Hügeln über Florenz besticht durch ein Flair luxuriöser Intimität. Mit der Villa aus dem sechzehnten und dem Turm aus dem vierzehnten Jahrhundert hat das Anwesen jedoch sowohl aufgrund seiner imposanten Ausmaße als auch seiner bemerkenswerten Schönheit etwas Einschüchterndes, doch was sie vor allem auszeichnet, ist der unglaubliche Blick, den man von hier aus auf Florenz hat.

Die mittelalterliche Fassade ist an einer Seite von Efeu überwachsen, empfangen wird man von einem gepflegten Garten mit Lavendel, Rosen und Liebesblumen. Der gläserne Haupteingang wirkt ungewöhnlich modern, doch sobald sich die Türen geöffnet haben und man in die riesige Halle mit den Deckenfresken und den Nischen tritt, offenbart sich die klassische Schönheit des Hotels. Die Rezeption wirkt so klein, dass man die unglaublichen Dimensionen des Raums mit den üppigen Draperien und den Perserteppichen unwillkürlich noch intensiver empfindet. Sofort hat man das unwiderstehliche Bedürfnis, auf Entdeckungsreise zu gehen, was noch einen Kick bekommt, wenn plötzlich ein durchdringendes Pfeifen ertönt: Vom Portier, an die Neugierde der Gäste gewöhnt, wird man in einen riesigen Wintergarten – *limonaia* genannt, weil hier früher Zitronenbäume gezogen wurden – geführt, wo das Rätsel gelöst wird: Auf einer Eisenstange sitzt ein großer, streitsüchtiger Sittich. Die *limonaia*, ein von der Sonne durchströmter Raum, ist mit den Korbsesseln und der bequemen Récamiere ein schönes Lesezimmer – falls man in der Lage ist, das Tschirpen des Vogels zu überhören.

Das gut erhaltene Interieur des Torre di Bellosguardo evoziert das noble Leben zur Zeit der Medici. Im Jahr 1200 wurde das Anwesen für Guido Cavalcanti, ein enger Freund Dantes, und dessen Familie als Wohnsitz und Jagdschloss errichtet. Die späteren Besitzer bauten um und zu, ließen die Räume mit Fresken und Skulpturen – darunter Pietro Francavillas *Barmherzigkeit* – ausstatten. Die hohen Gewölbedecken, die riesengroßen Salons, die Steinsäulen und die schlichte Möblierung mit Antiquitäten sperren die Moderne aus. Ein alter Aufzug aus Holz ist der einzige Hinweis darauf, dass hier auch nach dem achtzehnten Jahrhundert noch Veränderungen vorgenommen wurden – und angesichts der herrschaftlich anmutenden Treppe ist er sowieso zweite Wahl, um in die oberen Etagen zu kommen. Und wenn man die Treppen – man kann nicht anders – hinabschreitet, stellen sich wie von selbst Bilder glanzvoller Renaissancefeste ein. Das einzige Zeichen dafür, dass wir uns im einundzwanzigsten Jahrhundert befinden, ist der große Plasma-Fernsehschirm in der Bar, die in der Bibliothek des Hotels eingerichtet wurde.

Sowohl vom Rasen vor der Villa als auch von ihrem Pool aus öffnen sich herrliche Blicke auf Florenz und ihr *capolavoro*, Brunelleschis Domkuppel. Faszinierend ist diese Aussicht immer und

GEGENÜBER *Das Himmelbett aus Zimmer No. 5.*

OBEN *Details aus den Zimmern.*

SEITE 106 *Einblick in die Pracht der historischen Räume.*

SEITE 107, IM UHRZEIGERSINN VON LINKS OBEN *Der Garten; die* limonaia; *wohl gepflegte Hecken im Park; das bezaubernde Entree des Hotels.*

SEITE 108/109 *Florenz bei Nacht.*

zu jeder Zeit, zauberhaft jedoch wird er in den Farben des toskanischen Sonnenuntergangs. Zu Torre di Bellosguardo gehört auch ein kleiner Bauernhof mit Gemüsegarten und Tieren. Um modernen Touristen neben der einzigartigen Lage des herrlichen Anwesens und des wunderbaren Blicks noch etwas mehr bieten zu können, hat man ein Indoor-Pool eingerichtet, zudem einen Fitnessraum und ein Jacuzzi. Im Hotel gibt es zwar kein Restaurant, doch das Personal arrangiert gerne ein Diner, das entweder im Zimmer oder in der Bar serviert wird. Aber am schönsten ist es natürlich, in Florenz essen zu gehen.

Belegen kann man im Torre di Bellosguardo auch Kochkurse, die Küchenchefin June Bellamy hält. Seit dreißig Jahren befasst sie sich mit der regionalen Küche und lässt in ihre Kurse auch Historisches einfließen, um ihren Schülern ein möglichst umfassendes Wissen über Küche und Kultur der Toskana zu vermitteln. Die Möglichkeiten, hier seine Zeit auszufüllen, sind – Florenz liegt gerade einmal zehn Minuten Autofahrt entfernt – fast unendlich. Das Beste daran ist: Gleichgültig wie man den Tag verbringt, man kann sich sicher sein, zu einem der traumhaftesten Blicke und zu einem der stillsten Plätze zurückkehren zu können, die das ganze Arnotal zu bieten haben – die absolut perfekte Medizin nach einem Tag in der Hektik der Stadt.

CAMERE & SUITE

Die sechzehn Zimmer und Suiten variieren in Größe und Grundriss, doch alle sind in original florentinischem Stil ausgestattet und lassen, obwohl sie nicht übermäßig großzügig geschnitten sind, keinen Komfort vermissen. Schwerer Brokat, feines Baumwollleinen und die Antiquitäten, mit denen die Räume eingerichtet sind, machen sie so malerisch wie kultiviert und elegant. Einen Blick auf Florenz hat man nicht von jedem der Zimmer, also ist es ratsam, darum zu ersuchen. Empfehlenswert ist das Zimmer No. 5 in der zweiten Etage, denn es wartet nicht nur mit einem Himmelbett (smaragdgrün und golden) auf seine Gäste, sondern auch mit einem wunderschönen Blick auf die Stadt. Ganz wie es sich für die alte Villa gehört, wird das Zimmer mit einer massiven Holztüre samt altmodischem Eisenschloss und ebensolchem Schlüssel verschlossen. Natürlich verfügen alle Zimmer über moderne Einrichtungen wie Flatscreens, Mini-Bars und Badezimmer mit Badewannen oder Duschen.

MASSERIA TORRE COCCARO

SAVELETTRI DI FASANO, APULIEN

Auf den ersten Blick – der gusseiserne Strahlenkranz im Torbogen, das Marienrelief und das Kreuz auf der Mauer – sieht der Eingang zur Masseria Torre Coccaro (Schwesterhotel der Masseria Torre Maizza, Seite 116) eher mexikanisch als italienisch aus. Dabei gelten diese Symbole in Verbindung mit dem Maulbeerbaum am Eingang (den man an jeder *masseria*, einem Gutshof, in der Gegend findet) als universelle Willkommenszeichen für Pilger. Mit dramatischem visuellem Effekt schmückt eine leuchtend pinkfarbige Bougainvillea die weiße Umfassungsmauer des Anwesens, als Zufahrt dient ein staubiger Kieselweg, der wirkt, als gäbe es ihn bereits seit ewigen Zeiten, und die Tore, die ins Innere des Kalksteinbaus führen, sind von dunklem Rot. Uralt wirkt auch der vordere Innenhof, wo rechts die offenen Treppen zum Turm hinaufführen und links eine Kapelle aus dem achtzehnten Jahrhundert mit ihrer rosafarbenen Fassade leuchtet.

Wo die Masseria Torre Maizza auf Hochglanz getrimmt und glamourös ist, bezaubert Torre Coccaro mit rustikalem Charme, gibt sich familiär und unkompliziert, hat viel Platz im Freien, zahlreiche Räume, in denen man lesen, sich entspannen oder spielen kann und eine ganze Armada an Mountainbikes. Überall im vorderen Innenhof hat man behagliche Sitzbereiche in den originalen Tuffstein geschnitten. Das Restaurant, die Bar, die Rezeption – alles geht ohne klare Grenzen ineinander über und gibt jedem dieses angenehme Fühl-dich-hier-ganz-wie-daheim-Gefühl. Auch der Dresscode ist unkompliziert und weitaus weniger schick als in der Masseria Torre Maizza: Hier, im Torre Coccaro, dreht sich alles um Komfort und Entspannung. So gesehen ist es nur logisch, dass der Spa-Bereich – Indoor-Pool, Jacuzzi, Fitnessraum und kosmetische Behandlungsräume in einer *grotto* – weitläufiger ist.

Ein Abend im Torre Coccaro beginnt mit einem Cocktail, den man am besten in den mit dicken, bequemen roten Kissen ausgestatteten Tuffsteinbänken im Hof einnimmt, der freundlich von flackernden Laternen beleuchtet wird. Man ist bequem bekleidet, spaziert herum, plaudert mit anderen Gästen und betrachtet vielleicht die faszinierenden zeitgenössischen Möbelskulpturen – ein Sessel gefüllt mit *orrechiete* zum Beispiel. Das Abendessen danach ist bemerkenswert opulent und wird entweder unter den Gewölbedecken des Restaurants oder draußen auf der Terrasse serviert. Man hat fast den Eindruck, die dicke Speisenkarte mit endlosen Weinlisten und vielgängigen Menüs widerspricht der unkomplizierten Atmosphäre des Hotels. Aber das ist Italien, und hier ist das Essen immer eine ernsthafte Angelegenheit. Man sollte unbedingt den Kellner um eine Weinempfehlung – apulischer Wein natürlich! – zu den regionalen Früchten, Gemüsesorten, Würsten und dem erstklassigen Olivenöl bitten. Am nächsten Morgen zeigt sich auch das

Einst Station für Pilger: Masseria Torre Coccaro.

Frühstück mehr als üppig: Vier Bankettische biegen sich unter sämtlichen Köstlichkeiten, die man sich nur wünschen kann: frische Früchte aus der Umgebung, hausgemachte Kuchen, Tartes, *brioche* und *cornetti*, Joghurt, Cerealien, frisch gepresste Fruchtsäfte und, und, und ... Wer nicht nur essen, sondern auch kochen möchte: Die Masseria Torre Coccaro bietet ausgezeichnete Kurse, die man im vVraus buchen kann.

Apulien wird als die neue Toskana bezeichnet, präsentiert jedoch ein vollkommen anderes Bild: Anstatt der sanften Hügel und den Steinhäusern auf deren Kuppen charakterisiert sich Apulien durch flache Felsstrände, Olivenhaine und eine unverschämt blaue Adria. Mehr als zwei Drittel der gesamten italienischen Olivenölproduktion stammt, ebenso wie zehn Prozent der Weinproduktion, aus Apulien, wo außerdem ein nicht zu geringer Teil der *pasta* hergestellt wird. Kein Wunder also, dass Essen in Apulien zu den wesentlichen Dingen des Lebens gehört.

Zu den beiden *masserie* Torre Coccaro und Torre Maizza gehört der sehr attraktive Coccaro Beach Club, der in zehn Minuten erreichbar ist und den die Gäste beider Häuser gleichermaßen schätzen. Auch hier am Strand wird viel Wert auf Bequemlichkeit gelegt. Es gibt eine Sushi- und Austern-Bar mit Restaurant, ein durch eine weiße Holzwand vor der Meeresbrise geschütztes Deck für Sonnenanbeter sowie ausreichend Möglichkeiten, sich das Salzwasser vom Leib zu duschen und die Badekleidung zu wechseln. Die Wände des Restaurants zieren viele Fotografien von berühmten Yachten und ihren ebenso berühmten Skippern (darunter J. F. Kennedy auf seinem Boot in Cape Cod), und hinter der Bar hängen zwei Flatscreens, auf denen man sich aktuelle Segelregatten ansehen kann. Über das Segeln diskutieren lässt es sich leidenschaftlich mit Vittorio Muolo, dem glücklichen Besitzer der *masseria* und Stammgast in der Bar. Danach empfiehlt sich ein Ausflug auf der hoteleigenen, vierzehn Meter langen Yacht.

Die andere Möglichkeit, den Tag zu verbringen, ist der Pool des Hotels – eine Oase für sich. Der an einer Seite wie ein flacher Strand angelegte, von Olivenbäumen und unverputzten Mauern umgebene Pool vermittelt beruhigendes Flair und ist eine angenehm stille Alternative zum weitaus belebteren Beach Club. Sonnenschirme aus Palmblättern, große Liegen mit bequemen Kissen und eine Pool-Bar, wo man Drinks und kleine Speisen bekommen kann, lassen einen Tag am Pool zu einer sehr entspannten Sache werden.

Das Schöne an den beiden *masserie* Torre Coccaro und Torre Maizza sind ihre Unterschiede, die je maßgeschneiderte Ferien versprechen: Man bekommt das Beste aus zwei Welten.

CAMERE & SUITE

Die neununddreißig Zimmer und Suiten im Torre Coccaro befinden sich überall auf dem großen Anwesen und liegen manchmal bis zu fünfhundert Meter vom Hauptgebäude entfernt. Die schönsten Zimmer sind die beiden faszinierenden Grotto Suiten unter der Kapelle und die Deluxe-Zimmer beim Pool. Die *Aranceto Suite* – oder Orangengarten Suite – verfügt über einen Privatgarten mit Orangenbäumen, einen eigenen Pool, Hängematte und bequeme Sessel und Liegen im Freien. Die Wände im Inneren bestehen aus dem groben Kalkstein, aus dem auch die Kapelle errichtet wurde. Die Möblierung ist schlicht, doch komfortabel, das Bett im Alkoven hat Daunenkissen und Leinendecken. Besonders attraktiv ist die Badewanne aus Marmor und Mahagoni: Sie schmiegt sich in eine höhlenartige, steinerne Nische und ist großzügig mit Badeprodukten aus Olivenöl ausgestattet. Das Zimmer »im Untergrund« mag nicht jedermanns Geschmack sein, doch mit der breiten gläsernen Eingangstür, dem intimen Garten und dem Pool ist es eine ebenso luxuriöse wie ungewöhnliche und sehr intime Möglichkeit eines Hotelaufenthalts. Moderner sind die Zimmer im Turm, doch auch ihre Ausstattung ist rustikal. Sie verfügen außerdem über kleine Balkone, von denen man einen schönen Blick aufs Meer hat, während die Deluxe Suiten gut ausgestattete Terrassen mit Blick auf den Pool und die Olivenhaine des Anwesens bieten.

Am Pool der Masseria.

IM UHRZEIGERSINN VON LINKS OBEN *Das Badezimmer der* Aranceto Suite*: der Rand der Badewanne ist aus Mahagoni; Privatgarten und Pool der Orangengarten Suite; der Salon mit Blick in den Garten.*

GEGENÜBER *Der Luxus der Moderne hat auch in der Masseria Einzug gehalten: Tivoli-Stereoanlage in der Orangengarten Suite.*

MASSERIA TORRE MAIZZA

SAVELLETRI DI FASANO, APULIEN

Einer Oase in der Wüste nicht unähnlich, stehen die *masserie* Torre Maizza und Torre Coccaro (siehe Seite 110) in unübersehbarem Kontrast zu dem kargen Küstenstreifen, in dem sie sich befinden – eine scheinbar unerforschte Gegend, in der nur die massiven weißen Türme der beiden Hotels als Orientierungspunkte dienen. Diese die Landschaft prägenden Türme gehen auf ein kluges Verteidigungssystem des Stauferkaisers Friedrich II. zurück, der sie im dreizehnten Jahrhundert als Warnsystem gegen Sarazenen und Osmanen, die übers Meer kamen und die Küsten unsicher machten, in jeweils rund zwei Kilometern Entfernung voneinander errichten ließ. Drohte Gefahr, so entzündete der erste Wachposten, der sie erkannte, ein großes Feuer auf dem Dach. Das sah die nächstliegende Wache und innerhalb kürzester Zeit schlugen auf jedem der Türme die Flammen in den Himmel, warnten so nicht nur die Soldaten, sondern auch die Fischer und Bauern. Früher waren sowohl Torre Coccaro als auch Torre Maizza sogenannte *masserie fortificate*: Von Großfamilien bewirtschaftete Bauerngüter, die zugleich auch als sichere Burgen dienten und wo Wallfahrer samt Entourage – meist ihre Familien und ein paar Nutztiere – sichere Unterkunft fanden. Heute gehören beide *masserie* einer Familie, und was sie teilen, ist nicht mehr Wehrhaftigkeit, sondern ein Beach Club, Restaurants und eine private Yacht.

Einer Kontraststudie gleicht die Anfahrt zum Torre Maizza über die gepflegte Straße: auf der einen Seite, übersät mit Palmen, ein tiefgrüner Golfplatz, auf der anderen weitläufige Olivenhaine in ihrem typisch silbrigen Grünbraun. Bereits am Eingang zum knapp drei Jahre alten Hotel empfängt den Gast südlicher Glamour: zum Teil antike *masseria*, zum Teil zeitgenössisches Design – der erste Eindruck ist sehr stylish, sehr schick, sehr cool und mediterran.

Das rund anderthalb Kilometer entfernte Meer ist in vielen Details präsent: im strohgedeckten Restaurant, dem Teakholz rund um den Pool, die balinesische Möblierung und nicht zuletzt im strahlenden Weiß des ganzen Gebäudes. Im Originalgebäude der Masseria sowie im Turm sind die Rezeption und die für alle zugänglichen Bereiche untergebracht, die Zimmer und Suiten dagegen liegen hinter dem Restaurant und der Bar in neu errichteten, leuchtend weißen Bungalows.

Wie fashionable Torre Maizza ist, erkennt man am besten am Restaurant und an der Bar. Ersteres erstreckt sich aus einem antiken überwölbten Raum hinaus auf den Hof unter eine strohgedeckte Pergola. Von überall sieht man auf den edel gestalteten Infinity-Pool, den Golfplatz und die Olivenhaine dahinter. Innen ist das Restaurant mit einem hellblau-weißen Marmorboden in Schachbrettmuster und weiß gepolsterten Mahagonibänken ausgestattet, was ein gleichermaßen entspanntes und schickes Flair

Der gepflegte Charme der Bar in der Masseria Torre Maizza.

schafft. Makellos ist auch die Küche mit den apulischen Spezialitäten: *pasta*, Meeresfrüchte mit Kapern und frische Zucchini und Auberginen aus dem Garten dominieren die Speisenkarte, und es wäre unendlich schade, die frischen Garnelen und die genial zubereiteten Langusten nicht zu kosten, auch wenn ihr Genuss einige Zeit in Anspruch nimmt. Dabei werden all diese Köstlichkeiten von dem erstklassigen Olivenöl, in das man geröstetes Brot dippt, überschattet – die Kunst der Einfachheit als Ouvertüre zu einem elaborierten Menü.

Auch die Bar liegt halb drinnen, halb draußen. Drinnen ist sie ein langer, schmaler Bogengang, wo Mahagonitische, Stühle und Bänke auf demselben schachbrettgemusterten Marmorboden wie im Restaurant stehen, draußen eine große geschützte Terrasse mit Strohdach und leuchtenden Bougainvilleen. Zu allem Überfluss wird man hier nach dem Diner von einem Keyboarder und einem Sänger unterhalten. Der Look erinnert an die 1950er Jahre, und Smoking und Petticoat scheinen genau das Richtige für diesen Ort. Wenn die Dämmerung hereinbricht, werden die Wege von kleinen Citronella-Fackeln beleuchtet. Und auf dem Dach des Restaurants ist eine Terrasse mit marokkanischen Kissen eingerichtet. Von hier sieht man, eingehüllt in das Flackern unzähliger Laternen und geschmiegt in verborgene Ecken, weit übers Meer.

Auch tagsüber kommt hier wohl kaum Langeweile auf: Ein Golfplatz mit Driving Range steht ebenso zur Verfügung wie Fahrräder, mit denen man innerhalb von fünfzehn Minuten den Beach Club erreicht. Joggingstrecken sind in den Olivenhainen angelegt und Tennisplätze gibt es in der Nähe ebenfalls. Die hoteleigene Yacht ist gut gebucht, man ist also gut beraten, sich darum schon frühzeitig zu kümmern. Und das Avedaspa offeriert eine kleine, aber feine Auswahl an Körper- und Kosmetikbehandlungen.

CAMERE & SUITE

Die geräumigen Zimmer und Suiten der Masseria Torre Maizza wirken mit ihren Satindecken, den marineblauen Überdecken, weißen Lederbänken und verspiegelten Glastüren modern und schick. Zur Ausstattung gehören Flatscreens, Tivoli-Radios und ganz neue Marmorbadezimmer mit Doppelwaschbecken. Die Farbpalette der Zimmer – Elfenbein und Marineblau im Dialog mit dunkel gebeizten Holzmöbeln und Chromarmaturen im Badezimmer – lassen sie gleichermaßen sauber und nobel aussehen. Mit den offenen Kaminen sind die Zimmer wie ein romantischer Hafen, der in starken Gegensatz zur kargen Umgebung steht. Jedes der Zimmer verfügt über eine kleine Veranda mit Blick über den Golfplatz, die größeren Suiten außerdem über kleine private Pools. Durch ihre Entfernung zu den Hauptgebäuden bieten die Zimmer und Suiten himmlische Zurückgezogenheit und – auch dank der Hotelpolitik, im Sommer Gäste unter achtzehn Jahren nicht zu akzeptieren – traumhafte Ruhe.

OBEN *Salon unter freiem Himmel – inklusive üppiger Bougainvilleen.*

GEGENÜBER *Klassisch und frisch: die Interieurs der Gästezimmer.*

LA SOMMITÀ

OSTUNI, APULIEN

Ostuni, ein uralter blendend weißer Ort im südlichen Apulien, dem italienischen Stiefelabsatz, präsentiert sich als Paradebeispiel der kulturellen Vielfalt Italiens: Ein wenig griechisch, ein wenig orientalisch, aber unleugbar aus längst vergangenen Epochen stammend, liegt er inmitten von Olivenhainen am Rand der Murge, knapp sechs Kilometer von der Küste entfernt. Die »weiße Stadt« Ostuni wurde vor über zweitausend Jahren gegründet und nimmt die obere Hälfte eines steilen Hügels ein. Wenn man durch die engen Kopfsteinpflastergassen, über Treppen und Bogendurchgänge streift, hat man das Gefühl, mehr zu träumen als in der realen Welt zu sein. Je höher man in dem Ort steigt, desto steiler werden die Straßen, die hier für den Verkehr gesperrt sind. Auf diese Weise können verborgene Schönheiten wie La Sommità mitten im *centro storico* in traumhafter Stille existieren.

Um zu La Sommità zu gelangen, muss man mit der Rezeption ein Rendezvous vereinbaren. Man wird dann am Rand der Altstadt mit seinem Auto in Empfang genommen und zu einem nahen Parkplatz geleitet. Mit dem hoteleigenen Auto – es ist eines der wenigen mit Fahrerlaubnis für die Altstadt – werden die Gäste bis zu einem Torbogen gebracht, wo der Portier bereits auf die sie und ihr Gepäck wartet. Das Entree von La Sommità liegt am Ende eines kalksteinweißen Durchgangs, der zwar wie eine Sackgasse wirkt, stattdessen linker Hand aber den Blick auf die große gläserne Schiebetür freigibt, die sich zu einer sehr modern gestalteten Lobby mit einer Rezeption aus hellem Holz und in der Wand integrierter Beleuchtung öffnet. Der Effekt, den die Moderne den alten Mauern verleiht, ist bestechend. Ebenso hinreißend sind die Aufenthaltsräume und die Bar rechts von der Lobby. Dem Impuls, sich in dem langen, höhlenartigen Raum mit seinen langen weißen Sofas, dem wandgroßen Fenster an seinem Ende und dem leisen französischen Jazz aus Chromlautsprechern einen Cocktail zu bestellen, ist schwer zu widerstehen. Glücklicherweise ist man aber so neugierig auf die weiteren Räumlichkeiten des weitläufigen historischen Gebäudes, dass man schließlich doch, statt einen Drink zu nehmen, dem Portier ins Zimmer folgt.

Über der Bar im Erdgeschoss befindet sich eine weitere langgestreckte Lounge mit schokoladebraunen modernen Sofas und hohen Bücherregalen. Auch hier ist derselbe sanfte Jazz zu hören wie unten, und auch hier ist die hintere Wand ganz aus Glas – allerdings erweist sie sich hier als Tür, die auf eine der grandiosen Veranden des Hauses führt. Die Lage von La Sommità hoch oben in der Stadt bietet natürlich traumhafte Panoramablicke auf die Küste und die grenzenlos scheinende Adria, und dank der zurückhaltenden Gestaltung des Interieurs hat man Muße für die weiten Blicke. Obwohl sich das Hotel über bloß zwei Etagen erstreckt hat man durch die kluge

Kühler Schick unter süditalienischer Sonne: La Sommità.

Nutzung aller Außenbereiche – Terrassen, lange Balkone, Außentreppen und zahlreiche Sitzgelegenheiten im Freien – den Eindruck, sich in einem weitaus größeren Haus zu befinden.

So wie viele alte Städte wurde auch Ostuni auf alter Bausubstanz errichtet, sodass Außenmauern oft zu Innenwänden neuerer Gebäude wurden. Auf diese Weise wurde die alte Architektur über Jahrhunderte bewahrt – ein gleichermaßen mysteriöses wie romantisches Gefühl. Auch La Sommità, das an einer Seite an eine alte Kirche grenzt, ist tatsächlich ein Gebäude in einem anderen, größeren Gebäude.

Über zwanzig Kilometer erstreckt sich vor Ostuni die Adriaküste, die man mit dem Shuttle-Dienst des Hotels in etwa zehn Minuten leicht erreicht. Organisiert werden vom Hotel auch begleitete Exkursionen in die Umgebung und Ausritte. Ein Spa gibt es im Hotel: Massage, kosmetische Behandlungen und eine eigene Pflegeproduktlinie, Mareminerale, werden hier offeriert. Im Restaurant mit der Terrasse werden Frühstück und Abendessen serviert. Präsentiert werden die Speisen sehr modern und gestylt auf schwarzem Porzellan und mit eckig geformtem Besteck. Bezaubernd ist es, draußen auf der Terrasse unter dem Sternenhimmel und vor dem Hintergrund zarter marokkanischer Musik zu essen. Nur ein paar Schritte vom Hotel entfernt findet man an eine höhlenartige Wand geschmiegt eine kleine Bar. Sowohl die Speisenkarte als auch das junge Publikum zeigen, wie sehr das Leben in der alten Stadt pulsiert. Auch das ausgesprochen authentische apulische Restaurant Osteria del tempo perso ist ebenfalls in wenigen Minuten erreichbar. Das Restaurant mit den rauen, höhlenartigen Wänden und den unzähligen Antiquitäten und Artefakten demonstriert im Dialog mit der klassischen Küche – hausgemachte Pasta! –, dass man in Ostuni viel Wert auf die eigene Geschichte legt.

CAMERE & SUITE

Die zehn Suiten von La Sommità befinden sich im Erdgeschoss, haben schöne Badezimmer und Doppeltüren, die sich zu intimen Salons hin öffnen. Sie sind in einem weichen neutralen Farbschema gehalten, haben schlichte niedrige Betten, und von den Suiten mit Terrasse blickt man über Ostuni bis aufs Meer. Die hier abgebildete Suite ist ein mit viel Geschmack gestalteter Raum – gekalkte Steinwände, Gewölbedecken und selbst die freistehende Badewanne ist von Stein umgeben und ähnelt einem Quellbrunnen. Trotz dieser antiken Architektur sind die Zimmer modern ausgestattet: hängende Flatscreens, verglaste Duschen und Internetanschlüsse fehlen nirgendwo. Die Suiten in La Sommità bieten die ideale Kombination aus antikem Ambiente und modernem Komfort, und jeder, der einmal hier war, wird alles daransetzen, wiederzukehren.

OBEN *Die überwölbte Bar (links); die kunstvolle nächtliche Beleuchtung (rechts).*

GEGENÜBER *Die Suite demonstriert Großzügigkeit.*

IM UHRZEIGERSINN VON LINKS OBEN *Ein runder Chrom-Lautsprecher; eine der Terrassen, die das ganze Hotel umgeben; zeitgenössisches Design in alten Mauern.*

GEGENÜBER *Die Außentreppen aus Kalkstein in La Sommità.*

VILLA BECCARIS

MONFORTE D'ALBA, PIEMONT

MONFORTE D'ALBA ist ein kleines Bergdörfchen direkt über der Trüffelhauptstadt Alba – mitten im Weinparadies des Langhe genannten Hügellands. Dieser Lage verdankt die Villa Beccaris traumhafte Ausblicke über jene Weinberge, wo die Trauben für die weltberühmten Barolos und Barbarescos reifen. Monforte d'Alba ist nicht nur eine kleine Stadt, sondern auch eine enge Gemeinschaft aus Handwerkern, Bauern und Winzern, in deren Zentrum sich die Villa, der aus dem achtzehnten Jahrhundert stammende, in ein Hotel umgewandelte noble Sommersitz des *generale* Fiorenzo Bava Beccaris, befindet. Dank ihrer prominenten Lage und ihres schönen Parks ist die Villa immer wieder Schauplatz lokaler Feste rund ums Essen und Trinken, die nicht nur gastronomisch, sondern auch kulturell interessant sind. Man kennt einander in der kleinen Gemeinde und ist Gästen gegenüber freundlich und aufgeschlossen, die sich also nicht wundern sollten, wenn sie spontan auf einem solchen Fest von einem der lokalen Weinproduzenten oder Gastwirte eingeladen werden.

Der Eingebundenheit in die Gemeinde wird hier viel Aufmerksamkeit gewidmet, und hinter vielen der unterschiedlichsten Aktivitäten steht Federica, Managerin der Villa, die mit ihren – vor allem weiblichen (die Villa hat einen unverkennbaren femininen Touch) – Mitarbeiterinnen den Gästen so charmant wie großzügig die Genüsse der Region offeriert. Jeder wird hier umsorgt und verwöhnt, und genau das ist es, was die Villa zu einem so besonders angenehmen Ort macht. Das immer freundliche Personal und die überlegten Details – darunter Badetaschen in allen Zimmern und ein viktorianischer Servierwagen aus Gusseisen, der mit Sonnenhüten und Schirmkappen bestückt ist – sind Beweise dafür, wie sehr man hier auf das Wohl der Gäste bedacht ist. Man liest hier allen Gästen jeden Wunsch förmlich von den Augen ab und umsorgt sie fast wie eine Mutter ihr Kind. Die Mitarbeiter sind glücklich, wenn sie Ausflüge in die umliegenden Weinberge oder zu Golfplätzen arrangieren, Reitausflüge oder Heißluftballonfahrten organisieren. Auch Ausflüge nach Turin oder Mailand werden angeboten, liegen die beiden Städte doch weniger als zwei Stunden Autofahrt entfernt. Und wer eine große Party veranstalten möchte, ist hier ebenfalls gut aufgehoben: Vor allem Hochzeiten werden entweder in der großen Gartenlaube oder in der angebauten *limonaia* mit aller Sorgfalt vorbereitet.

Auch die Architektur und die Gestaltung der Villa Beccaris trägt eindeutig eine weibliche Handschrift. Die Villa ist buttergelb getüncht, wozu die azurblauen Fensterläden und Markisen über den Außentüren in reizvollem Kontrast stehen. Schmiedeeiserne Zäune und Blumenkistchen umgeben die Villa und dekorieren die Balkone über dem Innenhof, wo ebenso wie im Garten Kaffeehaustische und Stühle mit herzförmigen Rückenlehnen und kleinen runden

Ein château *auf dem Gipfel eines italienischen Hügels: Villa Beccaris.*

Altmodischer Charme und zeitgemäßer Komfort in den Zimmern und Suiten der Villa Beccaris.

Sitzkissen stehen. Die meiste Sonne hat man am Pool zwar nachmittags, doch dank der bequemen Liegen mit den blau-weiß gestreiften Auflagen ist er den ganzen Tag über ein höchst attraktiver und komfortabler Ort. Und für Sonnenempfindliche bietet das große schmiedeeiserne Gazebo gleich hinter dem Pool eine schattige Alternative.

In der Villa Beccaris werden ausschließlich Frühstück, ein leichter Imbiss mittags sowie Getränke und natürlich der obligatorische *aperitivo* serviert. Das Frühstücksbuffet steht in der Bar, wird jedoch im neuen Glasanbau mit dem spektakulären Panoramablick über die fruchtbaren Weinberge eingenommen.

Nur ein paar Minuten den Hügel hinab liegt das Zentrum von Monforte d'Alba, wo man ausreichend kulinarische Ziele findet. Und schließlich zählen die romantischen Gässchen mit dem alten Katzenkopfpflaster und die *piazza* im Zentrum zu den speziellen Besonderheiten der Villa Beccaris.

CAMERE & SUITE

Dreiundzwanzig Zimmer gibt es in der Villa, davon elf Deluxe-, elf Classic-Zimmer und eine Suite. Die meisten der Zimmer sind romantisch gestaltet, wobei einige aber in dunkleren Farbtönen ausgestattet sind: schwarze Betthäupter, Messinglampen und schwere, auf Hochglanz polierte Möbel. Im Wohnzimmer der Suite stehen hübsche englische Möbelstücke und ein schönes Grammophon aus dem neunzehnten Jahrhundert vor voluminösen seidenen Vorhängen und cremefarbenen Wänden. Die Bäder der Deluxe-Zimmer wurden mit attraktiven, blau-weiß gestreiften Tapeten gestaltet. Insgesamt wird die traditionelle und klassische Ästhetik den aristokratischen Wurzeln der Villa mehr als gerecht.

IM UHRZEIGERSINN VON LINKS OBEN *Der zweckentfremdete Servierwagen am Pool; feminine Details in einem der Gästezimmer; die gläserne* limonaia

GEGENÜBER *Eine der charmanten Sitzgruppen im Garten.*

VILLA TIBOLDI

ROERO, PIEMONT

EINFACH ist es nicht, den Weinberge-Traumblick der Villa Tiboldi zu erreichen. Denn erst muss man die Anfahrt über eine steile, enge Straße inklusive Serpentinen und überhängende Felsen überstehen, bevor man Muße findet, die Landschaft des Piemonts zu genießen. Hat man die Fahrt aber endlich hinter sich gebracht, steht man vor einer heiter wirkenden Villa mit hellgelber Fassade, hellblauen Fensterläden und hellgrauen Schmiedeeisen-Balkone vor den Zimmern in der zweiten Etage. Und auf dem Dach der Villa sitzt eine hübsche Dachterrasse, ausgestattet mit bequemen Sitzmöbeln, von der man einen Panoramablick über die sanften Rundungen der piemontesischen Weinberge hat: Der perfekte Ort, um den speziellen *aperitivo* der Villa – Prosecco mit frischen Erdbeeren – zu genießen.

Patrizia und Roberto Damonte haben die Villa vor acht Jahren gekauft und vier Jahre damit verbracht, ihren Traum von Gastfreundschaft zu verwirklichen, wo Patrizia für den Hotelbetrieb und Roberto für die Küche, den Weinkeller und den Shop (hier werden die Produkte der Brüder Damonte präsentiert) zuständig sind. Sowohl Patrizia als auch Roberto sind großartige Gastgeber und immer bereit, ihre Leidenschaft für das Piemont mit den Gästen zu teilen. So wird auch ein Spaziergang durch den Weinberg der Damonte zu einem Crash-Kurs in Sachen Önologie und lokaler Geschichte, und wenn man zur richtigen Jahreszeit hier ist, gibt es zusätzlich einen kleinen Imbiss von einem der Aprikosenbäume, die entlang der Weingärten gedeihen. Patrizias Begabung zur Kommunikation ist einzigartig, jederzeit kann man mit ihr ausführlich über die Villa und die Möglichkeiten, ihr Hotel noch zu verbessern, plaudern. Außerdem sind die beiden ein sehr charmantes Paar, das der Villa Tiboldi eine ausgeglichene und authentische Atmosphäre verleiht.

Einen herrlichen Blick hat man vom Pool, um den Sonnenschirme und komfortable Sessel mit bequemen Kissen bereitstehen. Das Restaurant des Hotels mit der schönen Terrasse hat an sechs Tagen der Woche geöffnet. Es wäre eine Verfehlung, würde man sich hier nicht durch das Angebot durchkosten, ein wirkliches Verbrechen aber, die *crocotini di asparaghi* (Spargelkroketten) und die mit Entenbrust gefüllten *plin* (hausgemachte, Ravioli nicht unähnliche Pasta) zu versäumen. Das Restaurant, die Vinothek und der Shop sind in einem Teil des umgebauten Bauernhauses hinter der Villa eingerichtet.

Die Villa Tiboldi liegt in dem kleinen Ort Roero, etwa fünfzig Kilometer südlich von Turin und rund zwei Autostunden von Mailand entfernt. Für aktive Gäste stehen Fahrräder zur Verfügung, werden Weinverkostungen angeboten, Kutschenfahrten und Tagesausflüge zum Markt im nahen Canale. – Es ist sehr wahrscheinlich, dass die Villa nicht mehr allzu lange ein Geheimtipp bleiben wird.

Das Cottage und die Weinberge.

CAMERE & SUITE

Im Hauptgebäude sind vier elegante, in sanften Pastelltönen ausgemalte und mit üppigen Seidendraperien ausgestattete Junior Suiten eingerichtet. Himmelbetten mit luftigen Vorhängen, Badewannen mit Löwenfüßen und handgefertigte Möbel verleihen den Räumen ebenso ein romantisches Flair wie die französischen Fenster, die sich auf kleine Balkone mit traumhaften Ausblicken öffnen. Besonders hübsch ist das Zimmer No. 3, das in sanften Grüntönen ausgemalt ist und dessen Badezimmer in hellem Blau erstrahlt. Die beiden großen Fenster lassen die Morgensonne herein, und ein kleiner Mahagonischreibtisch sowie ein alter Schminktisch machen den Raum sehr feminin. Drei Zimmer schmiegen sich in das kleine Ziegelcottage am Pool und zeichnen sich vor allem durch ihre ungestörten Weinbergblicke aus. Zwei große Suiten sowie die Doppelzimmer sind in der umgebauten Scheune und über dem Restaurant im Bauernhaus untergebracht. Laut Roberto schläft man in der Ecksuite am besten, und zwar weil ihr Interieur elegant, aber schlicht ist, und weil sie durch ihre Lage dem Land am engsten verbunden ist. Beide Suiten sind mit leuchtend roten Stoffen und moderneren Möbeln als in der Villa selbst ausgestattet. Die freiliegenden Deckenbalken, die Steinböden und Badezimmer mit viel Holz erzählen von den Wurzeln des Hauses, während die intensiven Farben der großen Betten und die moderne Beleuchtung den Räumen einen zeitgenössischen Anstrich geben. Die unterschiedlichen Interieurs sind Patrizias Kreativität zu verdanken. Alles ist mit Sorgfalt eingerichtet und viele Details sind Resultate von Patrizias jahrelanger Jagd nach Antiquitäten: Facettenreichtum als Reverenz an die unterschiedlichen Geschmäcker der Gäste.

Detail aus einem Gästezimmer; eine Badewanne, die man so schnell nicht vergisst (Zimmer No. 3).

Erfrischend wirkt die Fassade der Villa Tiboldi.

OBEN *Das luxuriöse Bett im Zimmer No. 3.* | GEGENÜBER *Inmitten von Weinbergen liegt der Pool der Villa Tiboldi.*

LA VILLA HOTEL

CASALOTTO/MOMBARUZZO, PIEMONT

INNERHALB von fünf Minuten hat man ein Glas Prosecco in der Hand, und wenn man gefragt wird, ob man in sein Zimmer gebracht werden möchte, nickt man zustimmend – und bleibt doch ganz entspannt sitzen. Woran das liegt, dass man sich hier trotz unausgepackter Koffer sofort zuhause fühlt? Einerseits hängt es damit zusammen, dass die Bar auch gleichzeitig als Rezeption dient. Vor allem aber sind es Nicola und Chris Norton, die die komfortable, behagliche Atmosphäre im La Villa Hotel nicht nur schaffen, sondern auch selbst leben: Es ist nichts Ungewöhnliches, Nicola im Bikini-Top an der Bar/Rezeption anzutreffen oder Chris bei einem kurzen Nachmittagsschlaf am Pool.

Das irisch-englische Ehepaar erwarb die Villa vor fünf Jahren und zog mit seinen beiden kleinen Töchtern und der Katze nach Italien, um den kleinen Ort Casalotto im Piemont zu ihrer Heimat zu machen. Der stattliche, zart rosafarbene Palazzo mit den hellblauen Fensterläden stammt aus dem siebzehnten Jahrhundert und erhebt sich stolz aus den Weingärten der Umgebung. Ein im englischen Stil angelegter Garten mit niedrigen Hecken, schmalen Kieswegen und Lavendel- und Rosmarinsträuchern findet sich im inneren Hof, während ein Rosengarten das Entree der Villa schmückt. Und über allem schwebt der süße Duft dieser üppig gedeihenden Pflanzen. Die sorgfältig gepflegten Gärten und der britische Akzent von Chris' und Nicolas beiden kleinen Mädchen sind mehr oder weniger die einzigen verbleibenden Hinweise auf ihre angelsächsische Herkunft. Alles andere im La Villa Hotel ist dazu gemacht, Gäste zum italienischen Lebensstil zu verführen – ganz so wie es auch Chris und Nicola ergangen ist, als sie das erste Mal hierherkamen.

Das erst in jüngster Zeit eröffnete Restaurant über dem Frühstücksraum ist für Nicola das perfekte Podium, um ihre vielfältigen Kenntnisse über die Weine des Piemonts anzuwenden und gleichzeitig ihre Talente in der Küche unter Beweis zu stellen. Wenn das Haus gut gebucht ist und sich einige der Gäste für ein Abendessen angemeldet haben, machen sich Küchenchefin Juliet Jarvis und Nicola daran, ein herzhaftes piemontesisches Vier-Gänge-Menü samt Weinbegleitung vorzubereiten. Das Ergebnis ist eine gleichermaßen opulente und lehrreiche Unterrichtsstunde über die kulinarische Vielfalt der Region. Juliets Dessert aus Meringuen und Erdbeeren, das in einem Weinkelch serviert wird, ist übrigens eine besondere Erwähnung wert.

Da die Villa knapp anderthalb Stunden von Mailand und Turin und nur eine knappe Stunde von Genua entfernt liegt, ist sie von allen großen Flughäfen Norditaliens leicht zu erreichen. Nach Asti und Alba, zwei der kulinarischen Hotspots im Piemont, kommt man innerhalb einer halben Stunde – womit weder dem Sightseeing noch dem Durchkosten von Barolo, Barbera & Co. etwas im

Lavendel im Überfluss im Garten des La Villa Hotels.

Wege steht. Nicolas und Chris' Pioniergeist hat auch dazu geführt, dass beide mittlerweile Experten für die piemontesische Kultur sind. Nicola, eine hervorragende Weinkennerin, arrangiert mit Freuden Ausflüge zu ihrem bevorzugten Weingut und fährt dann gerne auch mit, um sicherzustellen, dass nur das Beste mit nach Hause genommen wird. Im Hotel werden auch Kurse für Gemälde- und Möbelrestaurierung angeboten.

Am schönsten im La Villa Hotel ist die Zeit des Sonnenuntergangs, was auch Nicola und Chris ganz genau wissen: Man kann dann immer mit einem Glas Wein rechnen, um diese Stunde noch genusvoller verbringen zu können. Man sollte dann mit dem Glas in der Hand entweder zum Pool zu spazieren oder zum Grenzpfad, der ein paar Minuten vom Haus entfernt liegt. Von hier hat man einen geradezu hypnotisierend schönen Blick auf die unzähligen Weinstöcke der umliegenden Hügel, die das weiche Licht zauberhaft und unwirklich erscheinen lässt.

CAMERE & SUITE

Die dreizehn Zimmer und Suiten sind hübsch mit unterschiedlichen Möbelstücken und Textilien aus der Gegend ausgestattet. Akzente setzen marokkanische und französische Details, woraus ein individueller italienischer Landhausstil entstand. Dank der sorgfältigen Restaurierung der Villa und ihrer genuinen Eleganz sind keine Schnörkel notwendig, um sich in den Zimmern in jeder Hinsicht wohlzufühlen. Die schmiedeeisernen Balkongeländer, originale geschnitzte Holztüren, Gewölbedecken und die alten Bodenfliesen unterstreichen das kultivierte Flair der Villa. Nicola und Chris haben gut anderthalb Jahre damit verbracht, das ganze Piemont nach passenden Antiquitäten zu durchforsten, immer in der Hoffnung, mit Unikaten die Geschichte der Villa und der näheren Umgebung zu verdeutlichen. So finden sich alte Gebrauchsgegenstände wie eine Kastanienpresse oder ein antiker Weinentkorker an den Wänden des Hotels, aber auch im Eingang zur Honeymoon Suite. All die traditionellen Objekte und der Respekt vor der Geschichte der näheren Umgebung verleihen der Villa Wärme und Freundlichkeit und bringen die Gäste dazu, mehr über das Ambiente wissen zu wollen.

Zimmer No. 4 – eines der drei, die im sogenannten »French Quarter« der Villa liegen – wirkt dank seiner elfenbeinfarbigen Möblierung, den Vorhängen, die sich sanft im Wind bauschen, und des Balkons über dem Rosengarten besonders einladend. Ein wohlig warmes Schaumbad in der frei stehenden Badewanne mit den Löwenfüßen, von der aus man noch dazu über die Weinberge sieht, ist das beste Heilmittel bei einem Jetlag. Im farblichen Kontrast dazu Zimmer No. 7: Das dunkle Kastanienbraun des Betthaupts und der großen Holzkommode werden von den goldbraun gemusterten Kissen und einer dunkelbraunen Bettdecke akzentuiert. Dieses Zimmer ist zwar eindeutig weniger feminin, doch um nichts weniger elegant und wartet nicht nur mit einem großen, einladenden Bett, sondern auch einem gartenseitigen Balkon auf seine Gäste. Alle Badezimmer im La Villa Hotel sind neu gestaltet und haben zumeist Walk-in-Regenduschen.

Insgesamt sind die Zimmer im La Villa Hotel ziemlich unterschiedlich, was Grundriss und Gestaltung betrifft. Es ist deshalb sinnvoll, bei der Buchung genau zu sagen, was man sich vorstellt, um das für die eigenen Bedürfnisse perfekte Zimmer zu bekommen. Was jedoch allen Zimmern gemein ist, sind schöne und überlegte Details, darunter Teebereiter auf dem Nachttisch, hausgemachte Seifen, Blumenarrangements aus dem Garten und behagliche Decken, die ein Nachmittagsschläfchen zur perfekten Entspannung werden lassen.

Klassisch ist die äußere Erscheinung des Hotels.

OBEN *Ein guter Platz, um zu entspannen (ganz oben); der Englische Garten im Hof (darunter).* | GEGENÜBER *Cremefarben sind die Zimmer im sogenannten »French Quarter«.*

J. K. PALACE CAPRI

CAPRI, KAMPANIEN

Die Atmosphäre: ein cooler Filmset. Der Stil: schick, elegant, gestylt. So gesehen ist die Fahrt vom Hafen mit dem hoteleigenen weißen Golfbuggy der Beginn einer bemerkenswert designzentrierten Hotelerfahrung. Eigentlich ist das ganze Hotel wie ein Privathaus angelegt – allerdings wie eines, dessen Interieur in jedem noch so kleinen Detail dem bewussten Designwillen seines Gestalters unterlag. Das beginnt bereits mit dem Entree: Ein runder Mahagonitisch – darauf überdimensionierte Vasen mit Orchideen und edle Lifestyle-Bildbände – steht im Zentrum auf einem schwarz-weißen Marmorfußboden in Schachbrettmuster. Die Rezeption ähnelt mit dem antiken Schreibtisch und den beiden Sesseln eher einem Wohnzimmer. Darauf folgt die Enfilade aus Salon, Bibliothek und elegantem Speiseraum, wobei jeder Raum heller, aufregender gestaltet und überraschender als der jeweils vorangehende ist: raumhohe Regale mit thematisch geordneten Büchern, weiße Sofas und Sessel mit Kissen in intensiven Farben, ein herrlich kitschiges blau-weißes Backgammon sowie einen Plasmaschirm samt DVD-Player und ausführlicher Cinemathek. Der Speiseraum mit silbrig gestrichenen Stühlen und handgefertigten Chromleuchten ist pure Eleganz, verströmt aber eine durchaus unkomplizierte und informelle Atmosphäre. Von allen drei Räumen führen französische Fenster auf die riesige, mit Teakholz ausgelegte Terrasse, wo man den Eindruck hat, alles hier wartet auf ein rauschendes Fest, das jeden Augenblick beginnt.

Als wäre man im Reich des König Midas angelangt: J. K. Palace Capri.

Der beste Anwalt dieses Interieurs ist sein Besitzer Ori Kafri. Sein Auftritt – Leinen und Mokassins in dieser selbstverständlichen Mischung aus scheinbarem Zufall und bewusstem Styling – macht klar, dass er der Kopf hinter all dem ist. Kafri, dessen Wissen um die Hotelbranche immens groß ist, zählt zu den starken Kräften in einem Land, das sich vielleicht allzu oft auf seinen Lorbeeren ausruht. Mit seinen beiden Boutique Hotels in Florenz und Capri sowie seiner Teilhaberschaft am neuen Magazin *Firenze* gilt Kafri als einer der Erneuerer der italienischen Hotellandschaft.

Das J. K. Palace Capri verfügt nicht nur über jeden Fünf-Sterne-Luxus, sondern auch über eine einzigartige Lage inklusive Aussicht auf Capris *marina grande* und das Tyrrhenische Meer. Der Fitness-Bereich bietet alles, was notwendig ist, und wirkt durch die exzessive Verwendung von Spiegelwänden um einiges größer als es tatsächlich ist. Das Spa, betrieben vom bekannten Label E'SPA, offeriert eine verführerische Behandlungs-Palette, darunter eine Ganzkörpermaske aus lokalen Mineralien, mit der man dann – für die maximale Entspannung – in ein warmes Bad steigt. Jede noch so schöne Fantasie übersteigt die Lage des Pools mit den komfortablen Liegen an zwei Seiten und einem ununterbrochenen Drink- und Snackservice. Ein leichtes

Mittagessen, inklusive der famosen *insalata caprese*, bekommt man auf dem seitlich gelegenen Teil der Terrasse, direkt vor der Bar.

Das legendäre Urlaubsparadies Capri ist keine gerade ruhige Insel, und die Marina hat eigentlich immer Hochbetrieb. Ein kurzer Spaziergang den Hügel hinab bringt die Gäste ins Herz allen Geschehens auf Capri – zur berühmten Piazzetta. Man kann aber auch ein Taxi nehmen und sich nach Anacapri oder zur Blauen Grotte bringen lassen. Arrangiert werden vom Hotel gerne aber auch Bootstouren rund um die Insel, private Boots- oder Helicoptertransfers sowie geführte Wanderungen auf der Insel. Der wahre Luxus jedoch ist ein Nachmittag, verbracht in herrlichem Müßiggang zwischen dem Pool und der Bibliothek des Hotels.

CAMERE & SUITE

Die zweiundzwanzig Zimmer und Suiten sind durchgehend in klassischem Marinestil gestaltet. Dank der auf Marineblau und Weiß reduzierten Farbpalette, schlichten Ecksesseln aus Chrom, Schwarz-Weiß-Fotografien mit Yachten und meist weißen Polstermöbeln und Kaffeetischen wird ein ebenso reines wie frisches Ambiente geschaffen. Wie sehr man hier auf jedes Detail achtet, zeigt sich unter anderem auch im »Master-Zimmer mit Meerblick«, das nicht nur über riesige französische Fenster verfügt, die auf eine kleine Terrasse über dem Hafen führen, sondern auch über einen attraktiven begehbaren Schrank mit Sisalboden. Den Fünf-Sterne-Luxus verkörpern die Acryl-Tische von Lucite, die Flatscreens und die großzügigen Bäder. Der wahre Luxus aber ist der Blick auf den Golf von Neapel und die Halbinsel von Sorrent.

OBEN *Omnipräsent sind die Initialen des Hauses – selbst auf der Bettwäsche der Zimmer und Suiten (links); ein pinkfarbener Farbtupfer im Salon des Hotels (rechts).*

GEGENÜBER *Der absolut makellos erscheinende Speiseraum.*

IM UHRZEIGERSINN VON LINKS OBEN *Einladung zum Fern-Sehen auf der einem Schiffsdeck ähnlichen Terrasse; der klare Look der Gästezimmer.*

GEGENÜBER *Blick in die Bar.*

FOLGENDE DOPPELSEITE *Ein Himmelbett in einem der Deluxe-Zimmer (Seite 150); faszinierend ist wohl jeder Blick von der Terrasse des J. K. Palace Capri (Seite 151).*

BY THE SEA

VILLA CIMBRONE

RAVELLO, KAMPANIEN

GENAU so stellt man sich den Weg zu einem wahren Refugium vor: Hübsche blau-weiße Majolika-Fliesen leiten den Besucher von Ravellos Piazza del Duomo über einen Pfad etwa fünfhundert Meter den Hügel hinab, bis er vor einem geheimnisvoll wirkenden Gartentor steht. Nur zu Fuß erreicht man die traumhaft schöne Villa Cimbrone an der Amalfiküste, und schließlich ist der schmale, alte Pfad die perfekte Einführung in den authentischen Stil der Villa.

Ravello, oberhalb von Amalfi in rund 350 Metern Seehöhe, ist ein Ort für Fußgänger: Wer mit dem Auto kommt, muss es auf einem der beiden Parkplätze vor der Stadt abstellen, von wo man über ein paar Stufen auf die *piazza* gelangt. Gäste der Villa werden von einem Hotelportier in der Nähe der Parkplätze empfangen. Er beschreibt den Weg zur Villa und bringt das Gepäck mit einem Golfbuggy dorthin. Die Steinfassade am Eingang der Villa ist über und über mit Efeu bewachsen, und im vorderen Garten erhebt sich stolz und riesengroß eine Palme, die vor allem nachts, wenn sie von einem Scheinwerfer beleuchtet ist und ihren breiten Schatten wirft, höchst beeindruckend ist. Das massive Holztor wird nach Sonnenuntergang geschlossen, denn tagsüber ist der berühmte Garten der Villa öffentlich zugänglich. Am Abend aber müssen die Hotelgäste eine Glocke läuten und dann ihren Namen nennen, um Einlass zu finden – ganz als wären sie Mitglieder in einem exklusiven Club.

Ein Englischer Garten in Italien.

Die Geschichte der Villa ist lange und voller Legenden. Einst gehörte das Anwesen den Accongiagioco, Aristokraten, die hier eine Landwirtschaft betrieben. Anfang des fünfzehnten Jahrhunderts wurde es an die Familie Fusco verkauft, die hier einen Palazzo mit königlichen Ausmaßen errichten ließ. Vieles wirkt noch heute ausgesprochen majestätisch – die Ausmaße des Baus, die große, von Wein überwachsene Pergola, die den Blick über die Felsen aufs Meer einrahmt, und nicht zuletzt die gepflegten Gärten. Sie aber sind das Werk aus jüngerer Zeit: Im Jahr 1904 erwarb der Brite Ernest William Beckett, Mitglied des englischen Parlaments, das mittlerweile fast verfallene Anwesen. Der später zu Lord Grimthorpe geadelte Brite renovierte den Palazzo mit großem Kapitaleinsatz und ebenso viel Fantasie, ließ den Zaubergarten anlegen und baute seiner Tochter in schwindelnder Höhe über dem Meer die Villa Rondinaia. Nach dem Tod Becketts in den 1950er Jahren ging das Anwesen an die – trotz ihres französisch klingenden Namens – amalfitanische Familie Vuilleumiers, die die Gärten der Öffentlichkeit zugänglich machten und die Villa schließlich zum exklusiven Hotel mit ausgezeichnetem Restaurant umwandelten.

Eines ist ganz sicher: Die Lage der Villa ist nicht zu überbieten. Die unendlich vielen Farben in diesem sechs Hektar großen Garten mit den Hunderten von Blumen, Sträuchern und Bäumen ziehen Besucher aus der ganzen Welt an. Und als wären das Blühen und Duften noch nicht genug, hat man die Anlage mit architektonischen Spielereien versehen – Tempel, Repliken alter Bronze- und Marmorstatuen sowie Lauben machen das Flanieren durch den Garten zu einem so heiteren wie überwältigenden Erlebnis. Kein Wunder, dass so gut wie alle Brautpaare Italiens davon träumen, hier Hochzeit zu feiern. Der unglaublichste Platz der Villa Cimbrone ist die *terrazza del'infinito*, die Terrasse der Unendlichkeit: Ein Postkartenmotiv par excellence mit Steinbrüstung, Belvederes und Marmorbüsten als Rahmen eines unbeschreiblichen Blicks über das Meer. Das Beste daran ist, dass Gästen der Villa diese Terrasse abends ganz alleine gehört, und ein fantastischerer Ort für den *aperitivo* lässt sich wohl kaum finden.

Abgesehen davon gibt es hier einen Pool mit komfortablen Liegen, außerdem einen Wellness-Bereich, der eben im Ausbau begriffen ist. Im eleganten Restaurant wird ausgezeichnete italienische Cuisine nouveau serviert, wo jeder Gang den vorhergehenden zu übertreffen vermag. Eine wahre Offenbarung ist dann ein Schokoladedessert, bei dem die süße Verführung in dreifacher Variation und spektakulärer Schönheit auf den Tisch kommt. Auf der Dachterrasse wird das Frühstück serviert – ein idealer Platz, um einen Tag an der Amalfiküste zu beginnen. Den Rest der Zeit kann man damit verbringen, sich Ravellos historische Gärten und Villen zu Gemüte zu führen, anderen Hotels einen Besuch abzustatten (der Infinity-Pool im Hotel Caruso ist ein Muss!) und in den hübschen Geschäften einzukaufen. Zum Beispiel bei dem kleinen Juwelier neben dem Dom, wo es schon Hillary Clinton unmöglich war, dem Korallenschmuck zu widerstehen. Im Juli wird in Ravello ein weltbekanntes Musikfestival mit Opernaufführungen und Konzerten, dargeboten von hervorragenden Künstlern, veranstaltet. Und wer möchte, kann sich auf die Spuren all jener berühmten Gäste machen, die im Laufe der letzten hundertfünfzig Jahre in Ravello waren und von denen manche sogar in der Villa Cimbrone wohnten, darunter D. H. Lawrence, T. S. Elliot und Winston Churchill.

CAMERE & SUITE

Zwei Suiten, vier Junior Suiten und neunzehn Zimmer warten in der Villa Cimbrone auf Gäste. Da man die Villa seit jener Zeit, als sie privat genutzt wurde, in ihrem Grundriss nicht verändert hat, ist ein Aufenthalt hier sehr intim und persönlich. Die Bibliothek und die anschließende Terrasse sind mit Antiquitäten, alten Büchern und Kunstwerken ausgestattet, die noch dem ehemaligen Besitzer gehört haben. Besonders beeindruckend sind die smaragdgrünen Majolikabodenfliesen. Da die Villa erst in jüngster Zeit unter der Aufsicht unter offizieller denkmalschützender Aufsicht renoviert wurde, konnten viele Fresken, alte Möbelstücke, Marmor- und Majolikaböden sowie rare Bücher erhalten werden und stehen heute in der Villa wie zu Lebzeiten Lord Grimthorpes.

Die Gästezimmer sind nach Blumen benannt, die im Garten wachsen. Die Interieurs entsprechen der noblen Stilvariante Süditaliens: Böden mit Majolikafliesen in Blau-, Grün- und Rosatönen sowie Wände mit Fresken und schönen Stuckarbeiten. Die Farbpaletten der Räume spiegeln die Farben der Natur wider, die Möblierung ist so komfortabel, dass man sie getrost vergessen kann, um sich dem eigentlichen Highlight zu widmen: dem Ausblick. Die Fresko-Suite ist enorm groß und hat riesige Fenster auf das Meer. Sie verfügt über eine malerische Veranda und ein großzügiges Marmorbad. Doch es sind die Dimensionen des gesamten Raums und die prächtigen Majolikafliesen, die dem Gast den Atem rauben.

Ein Hotelzimmer wie kein zweites: die Fresko-Suite der Villa Cimbrone.

GEGENÜBER *Das Entree zur* terrazza del'infinito.

IM UHRZEIGERSINN VON LINKS OBEN *Der Blick von der Terrasse der Unendlichkeit; die Bogenfenster der Villa; die Laube mit den Fächerbögen im Garten der Villa Cimbrone.*

CASA ANGELINA

PRAIANO, KAMPANIEN

OBWOHL sich der Eingang zur Casa Angelina direkt an der Amalfitana, der berühmten Küstenstraße, befindet, wird er leicht übersehen, was wohl daran liegt, dass man bei einer Fahrt über eben jene so viel sieht, dass man das Naheliegende übersieht. Ob man von den Postkarten-Panoramen abgelenkt ist, von den bedrohlichen Felsen an einer Seite der Straße oder von den engen Kurven mit den temperamentvollen italienischen Autofahrern: Es beweist jedenfalls die dennoch verborgene Lage der Casa Angelina.

Praiano zwischen Amalfi und Positano ist im Kommen, und mit ihm Casa Angelina mit ihrer zeitgenössischen Architektur in blendendem Weiß, das in attraktivem Kontrast zum Blau und Grün der Umgebung steht. Ursprünglich 1975 erbaut und von Grund auf umgestaltet im Jahr 2004 hat man über dieses Haus anfangs die Nase gerümpft: Zu sehr hatte man die Norm gesprengt. Zwei Begriffe dominieren die Designsprache des Hauses: weiß und durchgestylt. Dies betrifft die weißen Treppen aus Ahornholz, die Beleuchtungskörper von Philippe Starck, das weiße Design aller Badezimmer mit der handgefertigten weißen Keramik aus Vietri und den weißen Böden – insgesamt ein Bekenntnis zu puristischem, schlichtem Interieur. Die Lust zu Innovativem zeigt sich auch in dem gläsernen Panoramaaufzug, angeblich der einzige dieser Art in Italien. Es ist tatsächlich ein ganz besonders Gefühl, schwerelos von ganz unten am Strand durch einen Felsschacht nach oben zu schweben – den Golf von Salerno unter sich, dann ein kurzer Blick auf die Konturen Capris. Übrigens sind sowohl der Privatstrand als auch der Pool ein guter Grund, sich hier ausschließlich dem Müßiggang zu widmen. Trendsetter ist Casa Angelina noch in anderer Hinsicht: Man hat einen Raumduft gleichen Namens entwickelt, der hier über die Ventilation durch das ganze Haus schwebt und den man an der Rezeption kaufen kann.

Unverkennbar ist die »communicational architecture« der Bar, die mit dem farbenfrohen kubanisch inspirierten Wandgemälde die stärkste Abweichung vom allgegenwärtigen Weiß darstellt. Die Lobby besteht im Wesentlichen aus einer langen Reihe weißer Sofas, Sessel und Tische, wo man sich behaglich mit einer Zeitschrift niederlassen oder, wie das ein Paar tat, mit dem Laptop seine E-Mails checken kann. Ein leichter Lunch wird sowohl auf der Terrasse als auch am Pool serviert: frische Salate und leichte Meeresfrüchte und Fische. Der Blick ist die ideale Kulisse für ein genussvolles Mittagessen. Die Atmosphäre tagsüber ist unkompliziert, die Gäste laufen mit ihrem Lesematerial in Sarongs umher. Erst mit dem *aperitivo* ändert sich die Szenerie, und jeder vorhin noch leicht bekleidete Müßiggänger hält sich an das obligatorische *fare una bella figura*. Für jene, die es nicht lassen können, gibt es unterhalb der Bar ein Rauchzimmer. Und alle, die unbedingt ein Work-out brauchen,

Positano bei Nacht – gesehen vom Pool der Casa Angelina.

können sich im gut ausgestatten Fitnessraum inklusive Indoor-Pool, Pilates-Kursen und Massagen ihrer Leidenschaft hingeben. Wer möchte, dem werden im Hotel Shopping-Touren zusammengestellt oder Tagesausflüge nach Pompeji, Capri oder Sorrent arrangiert. Das Personal der Casa Angelina ist sehr freundlich, vor allem Gaetano Bellipanni, der gerne mit guten Ratschlägen hilft, wenn man so entspannt ist, dass man nicht einmal mehr weiß, was man eigentlich ordern wollte …

Pure Dekadenz ist schließlich das Restaurant im Penthouse – treffend Un Piano nel Cielo (eine Etage im Himmel) genannt –, wo man sowohl drinnen als auch draußen speisen kann und wo Frühstück und Dinner serviert werden. Die Worte »verwöhnt« und »romantisch« bekommen hier heroben eine neue Bedeutung, wenn man einander auf der Terrasse mit Blick auf die Lichter Positanos über den *amuse gueules* aus der Küche mit Prosecco ein zartes *salute* zuhaucht. Die Küche ist in ihrem innovativen Umgang mit traditionellen italienischen Speisen hervorragend . Und als Schlaftrunk gibt es natürlich die berühmte süditalienische Mandelmilch.

CAMERE & SUITE

Besonders zum Tragen kommt das Weiß der Casa Angelina in den Zimmern und Suiten. Die vierzig Gästezimmer inklusive der spektakulären Grand Deluxe Sea View und der Junior Suite Sea View haben keine Spur von Farbe (ausgenommen die Schale mit Früchten zur Begrüßung) und erreichen damit das Flair absoluter Ruhe. Wenn sich die Augen an das strahlende Weiß gewöhnt haben, werden sie durch nichts mehr vom Blick auf das unendlich weite, tiefblaue Meer abgelenkt. Beide Suiten befinden sich in der obersten Etage und bieten selbstverständlich fantastische Blicke über den Golf von Salerno, auf Capri und Positano, das sich in das Küstengebirge schmiegt. Perfekt sind beiden Suiten für Hochzeitsreisende oder frisch Verliebte: Auf den riesigen Terrassen kann man den ganzen Tag verbringen, abends einen Cocktail trinken und nachts die Sterne beobachten, und das völlig ungestört.

Alle anderen Zimmer verfügen zumindest über private Balkone, wo man sich dank der Lage am Meer auch ganz privat fühlt. Plasma-Fernsehschirme gibt es ebenso in allen Zimmern wie Internetzugang, Daunendecken und individuelle Temperaturregler. Beim Buchen ist es ratsam, nach Zimmern jeweils am äußeren Ende eines Stockwerks zu fragen (die No. 100 oder 112): Hier hat man an einer Seite einen freien Blick und mehr Intimität als auf den Balkonen dazwischen. Das Badezimmer im Deluxe-Zimmer No. 200 ist mit seinem Meerblick von der Badewanne und der Dusche aus besonders schön. Badeprodukte von L'Occitane und geniale Badematten – oben ganz weich, unten rutschfester Gummi – schenken ein Gefühl des Luxus und der Geborgenheit. Trotz all des puristischen Weiß der Zimmer und Suiten wird in der Casa Angelina doch der glückliche Beweis dafür geführt, dass auch auf diese Art romantisches Flair geschaffen werden kann.

OBEN *Die modernen Armaturen im Badezimmer einer Suite.*

GEGENÜBER *Perfekte Symmetrie in der Lobby.*

OBEN *Die Junior Suite Sea View.* | GEGENÜBER *Endlose Blicke – gesehen von der Bar (oben) und von der Terrasse einer Suite (unten).*

MEZZATORRE RESORT & SPA

ISCHIA, KAMPANIEN

Ein Stück hinter Lacco Ameno, am nordwestlichen Ende Ischias, liegt auf einer malerischen Landzunge das Mezzatorre Resort & Spa. Das Hotel, Mitglied der renommierten »Leading Small Hotels of the World«, wurde nach seinem ziegelroten, aus dem siebzehnten Jahrhundert stammenden Turm benannt, dessen gepflegte Reste stolz von der felsigen Küste aufragen. Nicht nur von den Turm-Suiten und der Turmveranda, auch von vielen anderen Plätzen innerhalb der Anlage kann man den Blick weit übers Meer bis hinüber zu den Küsten Latiums und Kampaniens schweifen lassen – am besten von jenem kleinen Belvedere mit Steinbank am äußersten Ende der Landzunge, der den bezeichnenden Namen »Ort der Kontemplation« trägt.

Zwischen der üppigen Vegetation der Insel und dem glitzernden Tyrrhenischen Meer breitet sich die großartige Szenerie des Mezzatorre aus: Hineingebaut in die Flanke eines Hügels verteilen sich die Gebäude der Anlage auf mehreren Geländestufen, sodass sich jeder Gast sein ungestörtes Lieblings-Aussichtsplätzchen finden kann. Geht man von unten nach oben auf Entdeckungsreise, so findet man eine schön geschützte Badebucht, darüber einen Meerwasser-Pool mit Strandliegen und das Restaurant mit dem Dach aus Palmwedeln. Wieder ein Stück weiter und darüber – im Erdgeschoss des Turms – sind der Spa- und der kleine, aber feine Fitness-Bereich zu finden und schließlich das Restaurant direkt neben dem Turm mit seiner hoch über dem Meer eingerichteten Terrasse. – Alles in allem zeigen sich mit dieser Beschreibung die größten Herausforderungen, denen man sich bei einem Aufenthalt im Mezzatorre stellen muss: Seine Lieblingsplätze zu finden und zu entscheiden, welchem Vergnügen – essen, trinken, Wellness-Behandlungen – man sich wann hingeben möchte. Besonders angenehm lässt sich die Mittagszeit im Restaurant am Pool verbringen: Hier werden Fische, Meeresfrüchte und Pasta serviert, und zwar so delikat zubereitet, dass man um zweite und dritte Gänge kaum herumkommt – und das, obwohl das aufmerksame Personal den Gebäckkorb mit den köstlichen *crocattini* (den würzigen Brotkringeln mit Pfeffer und Mandeln) ununterbrochen auffüllt.

Ischia ist berühmt für seine ausgezeichneten Thermalbäder und die entsprechenden Anwendungen, und eine der Superlativen bietet mit Sicherheit das White Spa von Mezzatorre, das auch der Name einer eigens entwickelten Pflegelinie ist, deren ausgezeichnete Produkte – allen voran ein Shampoo und ein Conditioner – in den Bädern der Suiten und Zimmer bereitliegen. Im Turm, direkt unter der Grand Suite, liegt am tiefsten Punkt der Landzunge der Beauty- und Wellness-Bereich mit den traumhaft unter freiem Himmel aufgestellten Massagebetten.

Besonders beliebt ist das Hotel bei Hochzeitsreisenden, was bei der Romantik, die die

Die beeindruckende Landschaft und die schöne Architektur des Mezzatorre.

OBEN UND GEGENÜBER *Romantische Schlafzimmer und weite Blicke übers Meer.*

SEITE 168 *Bogenfenster in einer der Turm-Suiten.*

SEITE 169, IM UHRZEIGERSINN VON LINKS OBEN *Stundenlang kann man hier dem Bootsverkehr zwischen Ischia und Neapel zusehen; die Lobby im Turm; das Restaurant beim Turm; mit korallenförmigen Kordeln werden im Restaurant am Pool die Sonnensegel gebändigt.*

ganze Anlage verströmt weiter nicht verwundert: Allein der *aperitivo* in der Piano-Bar und das schöne Terrassen-Restaurant, wo man bei Kerzenschein nicht nur die ausgezeichnete Küche genießen kann, sondern auch den traumhaften Blick. Bei all dem Überfluss, der hier angeboten wird, scheint es fehl am Platz, etwas anderes als das Allerbeste zu wählen. Man sollte sich davon aber nicht – was leicht passiert – stressen lassen: Ferien sind schließlich dazu da, sich zu entspannen.

CAMERE & SUITE

Der Turm ist zwar der Namenspate des Hotels, doch in ihm befindet sich weniger als ein Drittel der insgesamt neunundfünfzig Zimmer und Suiten. Trotz dieser beachtlichen Anzahl wirkt das Mezzatorre Resort & Spa intim, denn die Zimmer sind einerseits auf dem ganzen Gelände verteilt und verfügen andererseits über private Gärten oder Terrassen. Die Aussichten, die man hat sind unterschiedlich, und natürlich sind die nahe am Meer gelegenen Zimmer die beliebtesten. Die Garten- und Terrassenzimmer garantieren viel Privatsphäre, während die Räume im Turm zwar kleiner sind, aber viel Flair haben. Und schließlich hat man von den Turmzimmern aus den schönsten Blick über das Anwesen und das Meer. Insgesamt sind die in rosa- und pfirsichfarbenen Farbtönen gehaltenen Zimmer behaglich und komfortabel, was auch für die schönen Marmorbadezimmer gilt.

Die Grand Suite im Turm ist brandneu und selbst in diesem Buch der Superlativen eine Besonderheit der Extraklasse. Sie nimmt eine ganze Etage ein, besteht aus einem Wohnraum, einem Badezimmer, in dem die Badewanne direkt vor einem Panoramafenster positioniert ist, und dem Schlafraum mit Himmelbett. Doch das Beste an der Grand Suite ist ihr Außenbereich: Auf der 120 Quadratmeter großen Terrasse direkt über dem »Ort der Kontemplation« gibt es einen Jacuzzi-Pool und natürlich alle Möbel, die notwendig sind, um hier den ganzen Tag zu genießen. Dass die Grand Suite über einen LCD-Fernsehapparat mit Satellitenanschluss, DVD-Player, eine Sound Station und Internetzugang verfügt, gehört fast schon zu den Nebensächlichkeiten. Denn allein die Räume mit der Terrasse sind ein Wirklichkeit gewordener Traum.

CA MARIA ADELE

VENEDIG, VENETO

Ein Hotelaufenthalt, der sich als derartig erfreulich herausstellt, dass man tatsächlich gewillt ist, beim nächsten Mal mehr zu bezahlen, ist selten. Und dass dies in Venedig geschieht, einer der teuersten Städte Italiens, wo man für ein *panino* schon einmal acht Euro bezahlt, ist überraschend. Doch es handelt sich um die Ca Maria Adele, in einem ruhigen Teil des *sestiere* Dorsoduro gelegen, die diese Reaktion auslöst. Und das wiederum ist nicht so überraschend, denn das Hotel in einem Palazzo aus dem sechzehnten Jahrhundert, nur ein paar Schritte von Santa Maria Salute entfernt, ist etwas ganz Besonderes.

Charmant, aber ohne Schnörkel, kultiviert und dennoch komfortabel: Ca Maria Adele spricht Ästheten ebenso an wie müde Reisende. Mit dem unschlagbaren Service und der Aufmerksamkeit gegenüber jedem noch so kleinen Detail entpuppt sich das Hotel als ein alle Sinne ansprechender Konterpart zum venezianischen Touristen-Chaos. Der intime Salon verwöhnt mit seinen kontrastierenden Designelementen und Farben vor allem die Augen: Auf dem schwarzen Kaminsims aus Marmor steht ein immer wieder anderes – einmal sind es korallenrote Zweige, ein andermal strahlend weiße Lilien –, aber jedenfalls prächtiges Blumenarrangement, daneben liegen die kleinen Trouvaillen vom letzten Ausflug des Besitzers nach Capri – Seeigelschalen und Seesterne, und marokkanische Wandleuchten in der Form schwarzer Hände halten kleine, mit bunten Glassteinen besetzte Lampen. Die Nase kribbelt von den in allen Gästezimmern aufgestellten Flaschen mit Essenzen, deren Duft sich über die Weichholzstäbchen sanft im Raum verteilt. Und im Salon, in der Lobby und auf der in marokkanischem Stil gestalteten Terrasse sind im Hintergrund leise die Balladen Judy Garlands zu hören. Wenn die Gäste am späten Nachmittag von ihren anstrengenden Stadterkundungen in dieses Hotel zurückkehren, werden sie mit Zitroneneis, *canduccini* und frischen Erdbeeren verwöhnt, die sich wie durch Zauberhand exakt zu jener Zeit in ihrem Zimmer finden, wenn die Gäste eintreffen. Wie das möglich ist, bleibt ein Geheimnis des Hotelpersonals. Die Krone der Entspannung sind dann ein Rosenwasser-Feuchtigkeitsspray und große, weiche Frotteebademäntel. Wo noch, bitte, wird ein solcher Grad vollkommener Fürsorglichkeit so mühelos erreicht? Und welche bessere Medizin gegen anstrengende Tage in Venedig wäre denkbar als jene, in einem Hotel zu wohnen, dessen einziges Ziel es ist, den Gast in jeder Hinsicht zu verwöhnen?

Abseits des Wahnsinns der Piazza San Marco, auf der anderen Seite des Canal Grande, blickt man von Ca Maria Adele auf die schöne Barockkirche Santa Maria della Salute. Zur Fondazione Peggy Guggenheim sind es ebenso bloß ein paar Schritte wie zur Accademia-Brücke. Und mit dem *vaporetto* ist es vom Halt an

Die schöne, verborgene Lage der Ca Maria Adele.

der Salute-Kirche – eine Minute vom Hotel entfernt – nur eine Station bis nach San Marco. Und für alle, die hier in Venedig einer Gondelfahrt nicht widerstehen können, gibt es einen kleinen malerischen Landesteg mit weißen Petunien und von Laternen beleuchtet.

Zur bezaubernden Schönheit wird Ca Maria Adele in der Dämmerung, wenn sich die Stadt zur Ruhe begibt und der Sonnenuntergang zum atemberaubenden Erlebnis wird. Ca Maria Adele befindet sich in der Nähe von zwei der schönsten Aussichtspunkte Venedigs: die Treppen von Santa Maria Salute gegenüber von San Marco und Dorsoduros Flaniermeile Zattere, die am frühen Abend rosafarben im sanften Licht der untergehenden Sonne liegt. Ein stilles Dinner an der Zattere kann man im Linea dall'Ombra einnehmen: Das Restaurant liegt so nahe zum Hotel und ist so unkompliziert zu finden, dass man kaum verloren gehen kann – ein absolutes Surplus nach einem Tag in der verwirrenden Topografie dieser Stadt. Ansonsten sind die Besitzer Nicolo und Alessio Campa und ihre Mitarbeiter schnell mit guten Tipps bei der Hand, die den Aufenthalt noch schöner machen. Für jene Gäste, die oft den Eindruck haben, dass das vorhandene Angebot an ihren eigentlichen Bedürfnissen vorbeigeht, ist Ca Maria Adele mit Sicherheit die ideale Lösung.

CAMERE & SUITE

Das Zimmer No. 321 oder die Sala Noir ist eine der *camere a tema*, also Zimmer, deren gesamte Ausstattung einem bestimmten inhaltlichen Konzept folgt. Sala Noir ist das Lieblingszimmer von Alessio Campa, der die Besonderheiten dieses Zimmers liebend gerne jedem erzählt. Dominiert wird es von einem schwarzen Muranolüster an der mit gelber Seide bespannten Decke. Die Wände sind überzogen mit schokoladebraunen Fortuny-Stoffen, die beiden Ohrensessel mit goldgelbem Samt und die Bettdecke schimmert in dunklem Maron. Es ist ein maskuliner Eindruck, den dieses Zimmer hinterlässt, auch wenn das durch Palmen und goldfarbene Draperien noch ausgeprägtere Ambiente wahrscheinlich Männer ebenso wie Frauen anspricht. Und Paare könnten an der Sinnlichkeit, die dieser Raum verströmt, Freude haben. Aus dem Zimmer führt eine Treppe in das darüberliegende, vollkommen schwarz verflieste Badezimmer mit beleuchtetem Spiegel und einer riesigen Walk-in-Dusche, deren Duschkopf etwa die Ausmaße einer Türmatte hat. Das wirklich eindrucksvolle Angebot an Toilettenartikeln wird die Damen freuen, auch wenn vor allem Männer den dunkel irisierenden Farbton schätzen werden.

Die zehn Deluxe-Zimmer sind in einem weniger auffälligen Design gestaltet, hier werden dieselben beige- und cremefarbenen Fortuny-Stoffe verwendet, wie man sie auch im Frühstücksraum sehen kann. Diese neutrale Farbpalette, die Mahagonimöbel, antiken Schreibtische und weichen Teppiche machen aus den Räumen komfortable Refugien, wie sie nach einem Tag in Venedig idealer nicht sein können. Besonders apart ist das Zimmer No. 336: Es befindet sich in der obersten Etage, und die kleinen Fenster lassen aus den Blicken auf Santa Maria Salute, den Canale della Giudecca und die Hausdächer Bilder an der Wand werden. Ein Vorteil der Fenster ist auch, dass man hier immer eine leichte Seebrise ins Zimmer lassen kann. Das Bett steht auf einer erhöhten Plattform, und an seinem Fußende befindet sich ein Jacuzzi. Genial auch die Idee, hier den Flatscreen in die offen über dem Bett verlaufenden Deckenbalken zu integrieren.

GEGENÜBER *Die marokkanischen Einflüsse auf der Terrasse sind unverkennbar.*

SEITE 174 *Die neutralen Farben des Frühstücksraums.*

SEITE 175, IM UHRZEIGERSINN VON LINKS OBEN *Die schwarzen Mosaikfliesen im Badezimmer der Sala Noir; die sorgfältig bis ins letzte Detail geschmückte Lobby; der schwarze Muranolüster; ein weiteres Detail aus der Sala Noir.*

Ca Maria Adele

153
158
159
162
163
202
203
B
B
303
305
306
307
308
309
310
502
503
504
506
507
509
510
529
530
552
553
618
619
620
B
647
648
649
650
652
653
727
750
846
847
848
849
850
B

BAUER IL PALAZZO

VENEDIG, VENETO

Zugegeben: Mit seiner eleganten gotisch-byzantinischen Fassade direkt am Canal Grande, der unschlagbaren Lage nur Minuten von der Piazza San Marco, von Harry's Bar und Venedigs Edel-Shoppingmeile entfernt ist das Bauer, eines der luxuriösesten Hotels der Stadt, wohl kaum als »hideaway« zu bezeichnen. Mit den zweiundachtzig Zimmern und achtunddreißig Suiten im Palazzo sowie den einundneunzig Zimmern und achtzehn Suiten im benachbarten Bauer Hotel ist es auch schwerlich als Entdeckung zu etikettieren. Doch wenn man vorher schon sein Wunschzimmer kennt und außerdem die exklusive Dachterrasse in Betracht zieht, verwandelt sich das Bauer ganz schnell in ein wahres Refugium, das erfreulicherweise nur ein paar Schritte vom venezianischen Geschehen entfernt liegt.

Francesca Bortolotto Possati übernahm im Jahr 1997 die Leitung des Hotels und damit ein traditionsreiches Erbe: Ihr Großvater Arnaldo Bennati hatte das Hotel in den 1930er Jahren gekauft, den modernen Flügel am Campo San Moisè zugebaut und das Haus zu einer erstklassigen Adresse in Venedig gemacht. Mit der Übernahme des Chefsessels entschied sich seine Enkelin für eine Generalüberholung des Hauses, die fast vierzig Millionen Dollar kostete, zwei Jahre dauerte und nicht nur das Innenleben des Bauer auf den neuesten Stand brachte. Denn Francesca Bortolotto Possati trennte den alten Palazzo vom modernen Gebäude, womit sie nun in der Lage ist, zwei völlig konträre Hotelcharaktere unter einem Dach anzubieten.

Benützt man den offiziellen Eingang zum Palazzo Bauer, der nur übers Wasser zu erreichen ist, erlebt man natürlich die Quintessenz einer venezianischen Erfahrung. Hat dem Gast dann der in Rot und Schwarz gekleidete Portier aus dem Boot geholfen, findet man sich in einer kleinen Lobby wieder, deren Marmorfußböden, goldgerahmte Spiegel und Rezeption aus tropischem Holz einem schlicht den Atem rauben.

Ein wohl gehütetes Geheimnis des Palazzo Bauer ist seine Dachterrasse: Im Settimo Cielo (»Siebter Himmel«) mit dem unvergleichlichen Panorama wird leider nur das Frühstück exklusiv für die Gäste des Palazzo serviert, ansonsten dient es als Lounge oder als Schauplatz privater Events. Auf einen *aperitivo* im rosafarbenen Licht des venezianischen Sonnenuntergangs muss man leider verzichten. Dafür genießen die Hausgäste das klare Morgenlicht, können den großen Schiffen zusehen, wie sie durch den Canale della Giudecca fahren, und sich vorstellen, wie das aussah, als die großen Handelsschiffe unter der Flagge des Markuslöwen ankamen oder zu ihren Expeditionen aufbrachen.

Das Angebot im Palazzo Bauer deckt alles ab, was man sich heutzutage von einem Luxushotel erwartet. Es gibt ein kleines Spa mit einer höchst talentierten Masseuse, ein Jacuzzi unter freiem Himmel und Blick über die Dächer Venedigs

Das altmodische Schlüsselbord an der Rezeption des Bauer Il Palazzo.

HOTEL
BAUER
PALAZZO

GEGENÜBER *Im Rot der Dogen ist die Markise über dem Entree des Hotels gehalten.*

OBEN *Der Blick auf den Canal Grande aus dem Seitenfenster von Zimmer No. 306 (links) und die Sitzgruppen in der Lobby (rechts).*

FOLGENDE DOPPELSEITE *Einblick in das »Schmuckkästchen«: Zimmer No. 306.*

SEITE 182/183 *Blick aus dem siebten Himmel: San Giorgio Maggiore, gesehen im Sonnenuntergang von der Dachterrasse des Bauer Il Palazzo.*

(man kann es sich für den ungestörten Genuss reservieren lassen), einen gut ausgestatteten Fitnessraum und drahtlosen Internetzugang in den Zimmern. Und natürlich: Vor der Tür liegt, mit ihren unzähligen Attraktionen, die Serenissima!

CAMERE & SUITE

Zimmer No. 306, bezeichnenderweise »Schmuckkästchen« genannt, ist das Eckzimmer im dritten Stockwerk mit Bogenfenstern an zwei Seiten. Die Wände des Zimmers sind mit tiefroten Stoffen tapeziert, die exklusiv von der renommierten Firma Rubelli für die Familie Bennati entworfen und hergestellt wurden. Die durchgehende Wiederholung eines einzigen Motivs auf den Tapeten droht zwar ein wenig zu übersättigen, andererseits aber bietet genau das der delikaten Ausstattung des Zimmers – handgefertigte Antiquitäten – den perfekten Hintergrund. In seiner Opulenz unzweifelhaft venezianisch fühlt man sich in dem nicht allzu großen Zimmer mit dem Traumblick wie auf einem Boot. Vom vorderen Fenster sieht man über die Kuppel von Santa Maria Salute auf die Giudecca, während das seitliche Fenster den Blick auf den Canal Grande freigibt. In diesem Zimmer morgens zu erwachen, ist die wirklich außergewöhnliche Erfahrung, unvermittelt zu einem Teil der Grandezza Venedigs geworden zu sein. Am besten tut man daran, einen *caffè* zu bestellen und sich damit wieder in das Bett zurückzuziehen, um in aller Ruhe das Geschehen, die Geräusche und auch den Geruch dieser vielleicht ungewöhnlichsten Stadt der Welt aufzusaugen. Das Zimmer No. 306 ist nicht ganz unbekannt, auch nicht unter Prominenten, man tut also gut daran, dieses – oder ein anderes Zimmer mit Blick auf den Kanal – frühzeitig zu buchen. Die Zimmer im Palazzo sind alle schön, aber durchaus verschieden, und das Wohlempfinden eines Gastes kann stark davon abhängen, in welchem er wohnt. Wenn also der Blick ausschlaggebend ist oder auch die Größe des Badezimmers, so ist man gut beraten, diese Vorlieben beim Buchen zu besprechen. Denn sich im Palazzo Bauer wohl zu fühlen, ist eine wunderbare Erfahrung – es zahlt sich aus, diese zu planen.

PALAZZO MOCENIGO

VENEDIG, VENETO

Über fünfhundert Jahre lang stand der aus dem sechzehnten Jahrhundert stammende Palazzo Mocenigo im Besitz der gleichnamigen Familie, die Gastgeber für Politiker und europäischen Hochadel, Künstler und Dichter – darunter Lord Byron – gewesen ist. Mit seiner Lage am Canal Grande zwischen dem Ponte Rialto und der Piazza San Marco ist der Palazzo heute das Kronjuwel in der Bauer-Hotel-Gruppe. Seine einem Dogen (sieben stellte die Familie Mocenigo im Laufe der Geschichte) angemessene Eleganz konnte der Palazzo mit dem privaten Landesteg, dem Entree mit dem Schmiedeeisentor und den königsblauen Markisen über den Fenstern in jeder Hinsicht bewahren.

Sieben Gästezimmer werden im Palazzo Mocenigo angeboten, auch wenn er sich vor allem für großartige Feste eignet, die man hier für bis zu hundertvierzig Gäste veranstalten kann. Doch bei all dieser Grandezza verliert der Palazzo, der über drei unterschiedliche Bereiche verfügt, die einzeln oder auch zusammen gemietet werden können, weder seine intime Atmosphäre noch seine ausgeprägte Persönlichkeit. In den Palazzo kommt man auf zweierlei Weise, und zwar entweder über den gotischen Eingang am Canal Grande mit den traditionellen blau-weiß gestreiften Pfeilern oder über einen verborgenen Garteneingang von der Straße. Dieser bezaubernde Garten mit den Magnolien ist übrigens einer der wenigen in Venedig, die seit dem sechzehnten Jahrhundert so gut wie unverändert erhalten blieben.

Doch so zauberhaft die äußere Erscheinung des Palazzos auch sein mag, vor dem Interieur verblasst alles andere. Das steingepflasterte Entree mit den riesigen Kandelabern und der königlichen Treppe, die von zwei Laternen tragenden Marmorstatuen flankiert wird, ist von nahezu überirdischer Schönheit. Endgültig den Atem raubt dann der *piano nobile* mit seinen ungeheuren Dimensionen und den Fensterwänden zum Canal Grande und zum Garten hin. Ein einziger Saal – früher der Flur – zieht sich mit einer Größe von 280 Quadratmetern über die gesamte Länge des Palazzos und ist mit runden Tischen, einem weißen Konzertflügel und langen weißen Sofas, die in diesem Raum wie Spielzeugmöbel aussehen, eingerichtet. Nicht weniger spektakulär wirkt der Boden: ein traumhaft schönes Marmormosaik, das besonders im Sonnenlicht seine ganze Pracht entfaltet. Dieser exquisite Boden zieht sich in den angeschlossenen Räumen weiter, die zudem mit den schönsten Antiquitäten, herrlichen Deckenlüstern und Wandleuchten aus Murano sowie Damasttapeten ausgestattet sind. Im Salon befindet sich ein grandioser Marmorkamin, umrahmt von Bassano-Keramik, während die Sofas mit Rubellis Stoffen im Muster der Hotelierfamilie bezogen sind. Die Küche (hier kocht auf Anfrage Hotelpersonal), die Bibliothek und die vier Schlafzimmer des

Das noble Entree des Palazzo Mocenigo.

piano nobile gehen auf den Garten. Nur ein Schlafraum genießt den königlichen Blick auf den Canal Grande – und mit den drei Balkonen davor ist er wahrlich einer Königin angemessen.

CAMERE & SUITE

Die große Suite in der Beletage, jene, von der man auf den Kanal blickt, ist ganz in Stoff gehüllt: Das Bett, das Betthaupt, die Wände – alles erstrahlt im zarten Blau von Rubellis feiner Seide. Eingerichtet ist der Raum mit einem antiken Schreibtisch, einer großen Kommode und einem wunderschönen, reich ornamentierten Wasserbecken. Die Suite verfügt auch über eine begehbare, mit großen Spiegeln ausgestattete Garderobe, ein ganz in rosa und gold gehaltenes Badezimmer mit Badewanne, Dusche und einem Muranoleuchter. Die Decke ist dekorativ bemalt und der Boden ein feines Mosaik. Die Großartigkeit dieses Raums ist nicht zu verleugnen und wird doch durch die weiche Stoffbespannung der Wände gemildert.

Im Palazzo gibt es auch ein Appartement mit einem Schlafzimmer. Es liegt im *mezzanino* genannten Halbstock zwischen Erdgeschoss und *piano nobile*. Und auch hier findet man Seidentapeten, Mosaikböden und Antiquitäten. Und obwohl es hier ein wenig dunkler und nicht ganz so grandios ist wie in der darüber liegenden Etage, bleibt auch hier der Blick auf den Canal Grande unvergesslich. Das kleine Appartement ist wohl ideal für jedes Paar, das einmal eine romantische Nacht in einem Palazzo am Canal Grande verbringen möchte.

Außerdem verfügt der Palazzo Mocenigo über ein Häuschen im Garten, das unter dem Namen Mocenico Cottage vermietet wird. Es verfügt über anderthalb Schlafzimmer sowie eine moderne Küche, womit es perfekt für ein Paar mit Kind ist. Natürlich kommt man auch hier in den Genuss des perfekten Services der Bauer-Gruppe wie Koch, Babysitter oder Butler und selbstverständlich der täglichen Reinigung wie im Hotel. Trotz des ehrwürdigen Alters und des historischen Flairs steht drahtloser Internetzugang zur Verfügung. Doch gleichgültig, ob man den Palazzo Mocenigo im Rahmen eines rauschenden Festes besucht, einer dekadenten Familienfeier wegen oder weil man einmal in seinem Leben in einem echten venezianischen Palazzo wohnen möchte: Seine fast unwirkliche Atmosphäre wird man wohl nie wieder vergessen.

OBEN *Glas aus Murano dominiert den Salon (links); das antike Wasserbecken in der großen Suite (rechts).*

GEGENÜBER *Die opulente große Suite.*

6V 30506

GEGENÜBER *Die eindrucks-volle Schauseite des Palazzo Mocenigo am Canal Grande.*

IM UHRZEIGERSINN VON OBEN LINKS *Das Entree an der Kanalseite; die prächtige Treppe; der Eingang von der Straße durch den zauber-haften Garten.*

CARDUCCI 76

CATTOLICA, EMILIA ROMAGNA

CATTOLICA ist ein lebhafter Ferienort an der Adria, etwa zwanzig Minuten südlich von Rimini. Obwohl er kleiner und nicht ganz so kosmopolitisch ist wie Rimini, gewährt er doch einen lebendigen Blick in Italiens Strand- und Badekultur. Die Hauptstraße Cattolicas, an der sich Hotel an Hotel reiht, verläuft parallel zur Küste und muss der Traum jedes Regisseurs sein: Hier sitzen große Familien auf den Hotelveranden, patschnasse Kinder rennen zum Meer und wieder zurück – und das in ohrenbetäubender Lautstärke. Und ganze Horden von Straßenverkäufern preisen laut ihre Waren an. Zwischen zwei dieser großen Hotels liegt eine blendend weiße Villa aus den 1920er Jahren: Carducci 76, das den Namen seiner Adresse trägt, ist ein zweistöckiges Gebäude, das sich sichtbar von allen anderen Hotels unterscheidet.

Carducci 76 ist so innovativ wie einzigartig. Das Design des Hauses bezieht seine Inspiration aus den Elementen Wasser, Luft und Feuer und integriert zudem Motive aus Fernost. Ausgedacht haben sich den fashionablen und luxuriösen Stil des Achtunddreißig-Zimmer-Hauses sein Besitzer Massimo Ferretti, Bruder der italienischen Modedesignerin Alberta Ferretti, und der Architekt Luca Sgroi. Die beiden Art-déco-Gebäude bestehen aus der originalen Strandvilla und einem identischen Teil, der die Villa von der Straße trennt. Im vorderen Bau befinden sich die Rezeption, das Spa und ein paar Gästezimmer in der oberen Etage. Das Rasenstück zwischen den beiden Gebäuden wurde als asiatisch inspirierter Garten mit Wasserfall, einem schmalen Wasserlauf und einem kreuzförmig angelegten, grauen Steinpfad inszeniert. Nach Ansicht des immer freundlichen, immer höflichen Hotelmanagers Marco Bordoni ist der Garten seines Friedens, seiner Symmetrie und seines exotischen Charmes wegen der hübscheste Teil des Hotels.

Exotik ist auch, was man in Carducci 76 vor allem anbietet. Allein die Lobby unterscheidet sich unübersehbar vom Stil der Nachbarhotels und dem Look des ganzen Orts: Der quadratische Raum ist mit einer Rezeptionstheke, deren Front aus kunstvoll auf antik getrimmten Spiegeln besteht, schwarzen Sitzwürfeln und hohen Zweigen in niedrigen Boxen ausgestattet. Noch ausgeprägter wird dieser kultivierte Stil, wenn man durch den Garten in die eigentliche Villa geht, wo man zuerst in der Lounge landet: Tiefe Sofas und moderne, hochlehnige Sessel sind in einer wirkungsvollen Palette aus Weiß, Grau und Schwarz gestaltet. An den Wänden hängen große Schwarz-Weiß-Akte und afrikanische Kunstwerke. Einige Pflanzen sowie die großen Fenster, durch die man auf den Garten und das Meer sieht, bringen die Natur in diesen sehr stilisierten Raum. Getrocknete Ranken zieren die Decke des überwölbten Gangs zum Vicolo Santa Lucia, dem sehr schicken und sehr beliebten Restaurant des Hotels, während Orchideen und hohe Vasen

Zeitgenössischer Schick in der Lounge von Carducci 76.

mit Birkenzweigen die schlichten schwarzen Holztische schmücken. Bemerkenswerterweise hindert das cool-elegante Design niemanden daran, sich hier von zu viel Sonne zu erholen oder seinen Durst zu stillen. Auf der Terrasse vor der Lounge werden Frühstück und Lunch serviert, vor allem aber hat man von hier einen hübschen Blick über die zahllosen Sonnenschirme hinaus aufs Meer. Diese Sonnenschirme sind in Italien eine ganz besondere Einrichtung: Sie dienen nicht einfach nur dem Schutz vor der Sonne, sondern – fein säuberlich nach Farben geordnet und in schnurgeraden Reihen aufgestellt – definieren verschiedene Strandbereiche. Eine neue Farbe bedeutet einen neuen Beach Club, und dass man die Strandgebühr an einen neuen Eigentümer zu entrichten hat. Die hell- und königsblauen Sonnenschirme direkt vor Carducci 76 – sie sind eindeutig die hübschesten hier – sind für die Gäste des Hauses natürlich kostenfrei zu benutzen. Eine friedvolle Alternative zum immer lauten und überfüllten Strand ist der Pool des Hotels mit den hohen weißen Wänden an drei Seiten. In einer einfachen Hütte beim Pool bekommt man nicht nur Drinks, sondern auch kleine Speisen. Die offene Infinity-Seite des Pools geht, anders als sonst üblich, zum Hotel hin: Vom Restaurant aus gesehen hat man damit einen hübschen Wasserfall vor Augen.

Im Mittelpunkt steht in Cattolica natürlich der Strand, womit alle angebotenen Aktivitäten auch damit zusammenhängen: Segeln und Windsurfen werden angeboten, aber auch Strandbuggys, die man sich leihen kann. Und abends muss man sich mit den vielen Geschäften, Restaurants und Nachtclubs im Ort den Kopf übers Amusement nicht zerbrechen. Dank der Tatsache, dass Cattolica ein Ferienort für Familien ist, gibt es eine Reihe sehr unkomplizierter Restaurants, allen voran Picadilly Mare, das von einem höchst engagierten Brüderpaar geführt wird.

Das ausgesprochene Ziel von Carducci 76 ist es, seine Gäste zu verführen. Alles von den samtweichen Materialien der Bettdecken bis zum Spa ist dafür gemacht, das an sich schon wunderbare Gefühl, am Meer zu sein, noch zu intensivieren. In den Sommermonaten ist Cattolica zwar heillos überfüllt, doch um dem zu entgehen, empfiehlt die Masseuse des Spas, im Herbst oder im Winter hierherzukommen. Das, sagt sie, ist jene Zeit, in der die Seeluft und der Strand all ihre beruhigende und heilende Kraft entfalten können.

CAMERE & SUITE

Unter den achtunddreißig Gästezimmern des Hotels gibt es drei Suiten mit thematisierter Ausstattung. Die Thai Suite befindet sich in einem der Türmchen der alten Villa und verfügt – für alle Hardcore-Sonnenanbeter – über ein Solarium. Das Bett der Suite steht ganz allein hoch oben im achteckigen Turm mit den drei großen Fenstern, durch die man bezaubernde Meerblicke hat. Außerdem gibt es in der Suite zwei Flatscreens und ein Badezimmer mit Doppelwaschbecken und Regendusche. Repräsentativ für den innovativen Stil des Carducci 76 ist das *stanza superiore con vista mare* mit der No. 304. Hier steht auf einer großen Plattform und in eine Nische aus Teakholzpaneelen geschmiegt ein Bett gegenüber einem großen Fenster, durch das man – einem Bild gleich – aufs Meer sieht. Die Schrank- und Badezimmertüre sind aus denselben Teakholzpaneelen angefertigt wie die Nische, während sich an beiden Seiten des Zimmers Schiebetüren auf private Decks öffnen, die jeweils groß genug für zwei Stühle sind. Die drei Fensterwände verleihen dem Raum viel Luftigkeit, während der Überfluss an Holz ein Baumhaus-Flair entstehen lässt. Wer Traditionelleres vorzieht, sollte sich für eine der Deluxe-Zimmer zwischen den Turmsuiten entscheiden. Die quadratischen Räume sind mit großen weißen Sofas, dunklen Holzböden, reinweißen Wänden und weichen grauen Bettdecken ausgestattet (übrigens ein Originaldesign Alberta Ferrettis). Beide Deluxe-Zimmer haben Balkone mit Meerblick und französische Fenster lassen eine wohltuende Meeresbrise in den Raum. Insgesamt ist die monochrome Ästhetik der puristischen Gästezimmer schlicht, modern und schick.

GEGENÜBER *Das Bett im oktogonalen Turmzimmer der Thai Suite.*

SEITE 194 *Cattolicas berühmte Parade der Sonnenschirme (oben); das exotische Styling des Gartens (unten).*

SEITE 195, IM UHRZEIGERSINN VON LINKS OBEN *Schlicht, modern und minimalistisch sind die Gästezimmer ausgestattet; die Art-déco-Fassade der Villa; auch die Bar zitiert die 1920er Jahre; die Teakholzpaneele in Zimmer No. 304.*

PALESTRA

BORGO DI BASTIA CRETI

UMBERTIDE, UMBRIEN

Die dicht bewaldeten grünen Hügel Umbriens sind eine wahre Bilderbuchlandschaft, wie man sie sich schöner nicht ausdenken könnte, und Bastia Creti, der kleine, malerische Weiler ganz oben auf einer der markanten Hügelkuppen, passt genau dazu. Das Dorf stammt aus dem fünfzehnten Jahrhundert und war einst eine wehrhafte Anlage mit wechselhafter Geschichte. Heute ist Bastia Creti in privater Hand, wobei einer der Teilhaber Robert E. Wirth ist, der Besitzer von Roms legendärem Hotel Hassler und dem in diesem Buch beschriebenen Il Palazzetto (siehe Seite 22). Er hatte seinen Anteil am *borgo* von seiner Mutter Carmen Bucher-Wirth geerbt, die wesentlich für die sorgfältige Revitalisierung des *borgos* verantwortlich gewesen ist. Bei der Renovierung des gesamten, aus fünf Gebäuden und einer Kapelle bestehenden Anwesens aus rosafarbenem und weißem Assisi-Stein wurden möglichst viele Originalmaterialien verwendet.

Den *borgo*, zu dem kein Hinweisschild führt, findet man nur dank der präzisen Anfahrtsbeschreibung, die man mit der Buchung erhält. Biegt man von der Hauptstraße links ab und folgt dann einer nicht ausgeschilderten kleinen Nebenstraße bergan, erreicht man schließlich ganz oben auf dem Hügel die schmiedeeisernen Tore des Weilers. Die Anfahrt ist nicht mühelos, aber die Anstrengung wird bereits mit dem ersten Anblick belohnt: Der gepflegte Rasen und die saubere Kiesauffahrt sind die passende Einführung in die adrette Anlage. Die steinernen, mit Efeu überwachsenen Gebäude sind rund um einen Hof angelegt, der mit seinem schönen Terracotta-Boden als »Hauptverkehrsader« der Gäste auf dem Weg zu den Wiesen und zum Pool dient. Die Kapelle wurde zu einem großzügigen, mit Fresken geschmückten Speisesaal mit großem Tisch umgestaltet. Davor wurden Tische ins Gras gestellt: Hier können die Gäste mit Blick auf die Bilderbuchlandschaft unter freiem Himmel speisen.

Die Ferienhäuser des Borgo di Bastia Creti werden kaum beworben und sind nur über eine Ferienhausagentur sowie über Mund-zu-Mund-Propaganda zu entdecken. Das ist durchaus von Vorteil, denn dank der minimalen Werbung sind hier Ruhe und absolute Privatsphäre garantiert. Üblicherweise wird das gesamte Anwesen vermietet, doch mittlerweile, seit Umbrien in der Gunst der Italien-Reisenden zunehmend steigt, werden die Strukturen auch einzeln wochenweise vermietet.

Auf der rund zweieinhalb Hektar großen Grundfläche, die der *borgo* einnimmt, befinden sich ein großer Pool, ein Tennisplatz, eine Sauna und auch ein Grillplatz inklusive Tisch und Stühlen in der Nähe des Pools. Im Grunde eignet sich die gesamte Anlage am besten für ein großes Familientreffen oder eine Gruppe von Freunden, die eine fröhliche Woche in traumhafter Landschaft verbringen möchte.

Die Rückseite von The Cottage im Borgo di Bastia Creti und der Traumblick von seiner Terrasse.

Hat man beim ersten Mal gut zum *borgo* gefunden, ist das Kommen und Gehen unkompliziert (auch deshalb, weil alle Gäste ihren eigenen elektronischen Schlüssel für das äußere Tor bekommen). Und das ist gut so, denn in der Umgebung liegen nicht nur gute Restaurants, sondern auch Perugia, Assisi und Arezzo, die unbedingt einen Besuch wert sind. Verwaltet wird das Anwesen von Rita und Benito de Mattia, ein charmantes älteres Ehepaar, das hier lebt und sich ebenso hingebungsvoll um die Gäste kümmert wie um die Gärten und Häuser. Außerdem kocht Rita hervorragend und ist gerne bereit, auch mehrmals auf Vorbestellung Mittag- oder Abendessen zuzubereiten.

CASE & CAMERE

Fünf Häuser sind es, die auf dem Anwesen vermietet werden: La Limonaia, Gli Olivi, The Cottage, I Cipressi und Le Ginestre. Le Ginestre, das größte, besteht aus vier Schlafzimmern (auch mit Himmelbetten!), drei Badezimmern, einer Wohnküche, einem größeren und einem kleineren Wohnzimmer und einer malerischen Terrasse. Mit den Terracotta-Böden, dem offenen Kamin, den freiliegenden Deckenbalken und der sparsamen, aber vollständigen Einrichtung fühlt man sich hier in die alten Zeiten des *borgo* zurückversetzt. Die nächst kleinere Einheit ist I Cipressi, das über einen schönen, großzügig angelegten Wohnraum verfügt, der durch einen massiven, von zwei Seiten zugänglichen offenen Kamin mit der Küche verbunden ist. I Cipressi bietet drei Schlafzimmer mit angeschlossenen Badezimmern. Besonders schön ist das Schlafzimmer mit der eigenen kleinen Terrasse.

Auch als »Honeymoon Suite« wird La Limonaia bezeichnet, die nicht nur die kleinste, sondern mit ihrer Lage etwas unterhalb der anderen Häuser und ihrem Eingang direkt durch den Garten auch die intimste Wohneinheit des *borgo* ist. Sie ist ideal für ein Paar oder eine kleine Familie: ein Schlafzimmer mit Ensuite-Bad und eine ausziehbare Couch im Wohnraum, bei dem sich nebenan auch eine Gästetoilette befindet. Auch hier ist die schöne und freie Lage der Terrasse ein besonders erwähnenswertes Detail. The Cottage, es verfügt über drei Schlafzimmer, eignet sich also für sechs Gäste, liegt ebenfalls so, dass ein hoher Grad an Privatsphäre gewährleistet ist. Das große Schlafzimmer dieses Hauses liegt im Erdgeschoss und hat ein angeschlossenes Badezimmer, die beiden anderen liegen darüber und verfügen ebenfalls über eigene Bäder. Die Einrichtung des Cottage ist ebenso ländlich-schlicht wie die der anderen Häuser, wobei die Schlafzimmer nicht nur groß sind, sondern auch sehr schöne Aussichten auf die Hügel bieten. Zum Schluss schließlich Gli Olivi mit einem Doppel- und einem Zweibettzimmer und jeweils angeschlossenen Bädern (eines mit Badewanne, das andere mit Dusche). Man fühlt sich auch hier in diesem mit Terracotta-Böden und schlichten Möbeln ausgestatteten Haus authentisch italienisch. Schön ist auch die große Wohnküche, die sich perfekt zum entspannt Kochen und gemeinsam an einem großen Tisch Essen eignet. Aber natürlich kann man sich im nebenan liegenden Wohnzimmer behaglich aufs Sofa verfügen, um sich auf dem Flatscreen einen Film auf DVD anzusehen.

Vielleicht ist es die Lage hoch oben auf einem Hügel, vielleicht ist es die Landschaft, vielleicht ist es der Duft der Pinien und Zypressen oder die angenehm kühle Brise, die man hier auch im Sommer spürt: Im Borgo di Bastia Creti hat man eigentlich ständig den Wunsch zu essen, zu schlafen und sich zu entspannen. Wie schön, dass hier alle drei Wünsche so leicht in Erfüllung gehen.

Die ausgedehnten Gärten im borgo.

OBEN *Essen unter freiem Himmel in Le Ginestre (links) und der lange Esstisch in der Küche von I Cipressi.*

GEGENÜBER *Das zartblaue Himmelbett in einem Schlafzimmer von Le Ginestre.*

stival del Gelato
Granite

LISTE DER HOTELS, VILLEN & LANDHÄUSER

Alle hier angegebenen Informationen unterliegen Veränderungen und sind – dies gilt vor allem für die Preise – zur Zeit der Drucklegung aktuell. Zu bedenken ist auch, dass einige Hotels (vor allem jene am Meer) im Winter schließen, und zwar meist zwischen November und April. Detaillierte und aktuelle Informationen sind über die Websites der Hotels erhältlich.

Preiskategorien:
200–450 Euro: moderat
450–800 Euro: teuer
800–1500 Euro: luxuriös

LAGO DI COMO
Grand Hotel Villa Serbelloni
Via Roma 1
22021 Bellagio (Como)
Tel.: (+39) 031 950 216
Fax: (+39) 031 951 529
www.villaserbelloni.com
Preise: teuer bis luxuriös
POOL, TENNIS- UND SQUASHPLÄTZE, FITNESSRAUM, STRAND, RESTAURANT, DIREKT AM SEE, SPA

LATIUM
La Posta Vecchia
Palo Laziale
00055 Ladispoli (Roma)
Tel.: (+39) 06 994 95 01
Fax: (+39) 06 994 95 07
www.lapostavecchia.com
Preise: luxuriös
POOL, RESTAURANT, BEAUTY-CENTER, DIREKT AM MEER, KOCHKURSE, MUSEUM

Il Palazzetto
Vicolo del Bottino 8
00187 Rom
Tel.: (+39) 06 699 34 1000
Fax: (+39) 06 699 1065
www.ilpalazzettoroma.com
Preise: moderat
BAR, RESTAURANT, SOMELIERKURSE

Portrait Suites
Via Bocca di Leone 23
00187 Rom
Tel.: (+39) 06 693 807 42
Fax: (+39) 06 691 906 25
www.lungarnohotels.com
Preise: teuer bis luxuriös
BAR, TERRASSE

TOSKANA
Villa Fontelunga, Villa Scanagallo, Villa Gallo und Villa Galletto
Via Cunicchio 5
Foiano della Chiana, Loc. Pozzo
52045 Arezzo
Tel.: (+39) 0575 660 410
Fax: (+39) 0575 661 963
www.fontelunga.com
Preise: Villa Fontelunga (Hotel): moderat
Villa Galletto (2 Pers.): teuer
Villa Gallo (4 Pers.): teuer
Villa Scannagallo (8–10 Pers.): luxuriös
Villa Fontelunga (Miete; 16 Pers.): luxuriös
POOL, DINNER (ZWEIMAL PRO WOCHE)

Castello del Nero
L'Orto del Forte S.p.A. Strada Spicciano 7
50028 Tavarnelle Val di Pesa (Firenze)
Tel.: (+39) 055 806 470
Fax: (+39) 055 806 477 77
www.castello-del-nero.com
Preise: teuer bis luxuriös
POOL, RESTAURANT, FITNESSRAUM, SPA

Castello Banfi: Il Borgo
Castello di Poggio Alle Mura 1
53024 Montalcino (Siena)
Tel.: (+39) 057 787 7700
Fax: (+39) 057 787 7701
www.castellobanfi.com
Preise: teuer
POOL, RESTAURANT, WEINBERGE, SOMELIERKURSE, KOCHKURSE

Albergo Villa Marta
Via del Ponte Guasperini 873
S. Lorenzo a Vaccoli
55100 Lucca
Tel.: (+39) 0583 370 101
Fax: (+39) 0583 379 999
www.albergovillamarta.it
Preise: moderat
POOL, RESTAURANT, KOCHKURSE

Villa Cabbiavoli
Via Del Vallone
Castelfiorentino
Agentur: Tuscan Estates
Tel.: (+1) 978 453 78 39
Fax: (+1) 978 446 90 55
www.tuscanestates.com
Preise: teuer
POOL, WEINBERGE

La Bandita
Podere La Bandita
53026 Pienza (Siena)
Tel.: (+39) 333 404 6704
Fax: (+1) 212 202 622
www.la-bandita.com
Preise: moderat
POOL, DINNER (ZWEIMAL PRO WOCHE)

Il Falconière
Loc. S. Martino 370
52044 Cortona (Arezzo)
Tel.: (+39) 0575 612 679
Fax: (+39) 0575 612 927
www.ilfalconiere.com
Preise: moderat bis teuer
POOLS, RESTAURANT, WEINBERGE, KOCHKURSE

Villa Castelletto
Loc. Castelletto
53020 Monticchiello (Siena)
Rental agency: Your Tuscany
Tel.: (+39) 06 688 09 301
Fax: (+39) 06 689 27 71
www.yourtuscany.com
Preise: teuer
POOL, GARTEN

Castello di Vicarello
58044 Poggi del Sasso
Cinigiano (Grosetto)
Tel.: (+39) 0564 990 718
www.castellodivicarello.it
Preise: teuer bis luxuriös
POOLS, MITTAG- UND ABENDESSEN INKLUSIVE, WEINBERGE, GARTEN, JAGDREVIER, KOCHKURSE

Villa Mangiacane
Via Faltignano 4
50026 San Casciano (Firenze)
Tel.: (+39) 055 829 0123
Fax: (+39) 055 829 0358
www.mangiacane.com
Preise: moderat bis luxuriös
POOLS, SPA, RESTAURANT, BAR, FITNESSRAUM, WEINBERGE

Hotel Lungarno
Borgo San Jacopo 14
50214 Florenz
Tel.: (+39) 055 272 64 000
Fax: (+39) 055 268 431
www.lungarnohotels.com
Preise: teuer bis luxuriös
RESTAURANT, BAR, DIREKT AM FLUSS

Torre di Bellosguardo
Via Roti Michelozzi 2
50124 Florenz
Tel.: (+39) 055 229 8145
Fax: (+39) 055 229 008
www.torrebellosguardo.com
Preise: moderat
POOL, GARTEN

APULIEN
Masseria Torre Coccaro
C. da Coccaro 8
72015 Savelletri di Fasano (Brindisi)
Tel.: (+39) 080 482 9310
Fax: (+39) 080 482 7992
www.gesthotels.com/coccaro_new/english.html
Preise: teuer
POOL, SPA, BEACH CLUB, RESTAURANT, KOCHKURSE

Masseria Torre Maizza
C. da Coccaro
72015 Savelletri di Fasano (Brindisi)
Tel.: (+39) 080 482 7838
Fax: (+39) 080 441 4059
www.gesthotels.com/maizza/english.html
Preise: luxuriös
POOL, SPA, BEACH CLUB, RESTAURANT, GOLF

La Sommità
Via Scipione Petrarolo 7
72017 Ostuni
Tel.: (+39) 083 130 5925
Fax: (+39) 083 130 6729
www.lasommita.it
Preise: moderat bis teuer
RESTAURANT, BAR, SPA, STRAND, REITEN

PIEMONT
Villa Beccaris
Via Bava Beccaris 1
12065 Monforte d'Alba (Canale)
Tel.: (+39) 0173 781 58
Fax: (+39) 0173 781 90
www.villabeccaris.it
Preise: moderat
POOL, WEINBERGE, AUSBLICK, VINOTHEK

Villa Tiboldi
Case Sparse 127
12043 Canale
Tel.: (+39) 0173 970 388
Fax: (+39) 0173 959 233
www.villatiboldi.it
Preise: moderat
POOL, WEINBERGE, RESTAURANT, WEINKELLER

La Villa Hotel
Via Torino 7
14046 Mombaruzzo
Tel.: (+39) 0141 793 890
Fax: (+39) 0141 739 991
www.lavillahotel.net
Preise: moderat
POOL, WEINBERGE, RESTAURANT, AUSBLICK

KAMPANIEN
J. K. Palace Capri
Via Provinciale Marina Grande 225
80073 Capri (Napoli)
Tel.: (+39) 081 838 4001
Fax: (+39) 081 837 0438
www.jkcapri.com
Preise: teuer bis luxuriös
POOL, SPA, STRAND, AUSBLICK, RESTAURANT, BAR

Villa Cimbrone
Via S. Chiara 26
84010 Ravello (Salerno)
Tel.: (+39) 089 857 459
Fax: (+39) 089 857 777
www.villacimbrone.com
Preise: teuer
POOL, AUSBLICK, RESTAURANT, BOTANISCHER GARTEN

Casa Angelina
Via G. Capriglione 147
84010 Praiano (Salerno)
Tel.: (+39) 089 813 1333
Fax: (+39) 089 874 266
www.casangelina.com
Preise: moderat bis teuer
POOL, DIREKT AM MEER, STRAND, RESTAURANT, INDOOR-POOL, FITNESSRAUM

Mezzatorre Resort & Spa
Via Mezzatorre 23
80075 Forio d'Ischia (Napoli)
Tel.: (+39) 081 986 111
Fax: (+39) 081 986 015
www.mezzatorre.it
Preise: moderat bis luxuriös
POOL, DIREKT AM MEER, AUSBLICK, RESTAURANT, SPA, FITNESSRAUM

VENETO
Ca Maria Adele
Dorsoduro 111
30123 Venedig
Tel.: (+39) 041 520 3078
Fax: (+39) 041 528 9013
www.camariaadele.it
Preise: teuer
CONCIERGE, RUHIGE LAGE

Bauer Il Palazzo
San Marco 1413/d
30124 Venedig
Tel.: (+39) 041 520 7022
Fax: (+39) 041 520 7557
www.bauerhotels.com
Preise: teuer bis luxuriös
RESTAURANT, FITNESSRAUM, SPA

Palazzo Mocenigo
Calle Corner, San Marco 3362
30124 Venedig
Tel.: (+39) 041 240 6878
Fax: (+39) 041 520 7557
www.bauerhotels.com
Preise: luxuriös
GARTEN, LANDESTEG, PRIVATPERSONAL AUF NACHFRAGE

EMILIA ROMAGNA
Carducci 76
Viale Carducci 76
47841 Cattolica (Rimini)
Tel.: (+39) 0541 954 677
Fax: (+39) 0541 831 557
www.carducci76.it
Preise: moderat
POOL, DIREKT AM MEER, BEACH CLUB, RESTAURANT, SPA

UMBRIEN
Borgo di Bastia Creti
Fa. Spedalicchio
06019 Umbertide (Perugia)
Agentur: CV Travel
italy@cvtravel.co.uk
www.cvtravel.co.uk/villas/italy_umbria_Umbria-Tuscany-Borders.cfm
Preise: Le Ginestre (8 Pers.): teuer
I Cipressi (6 Pers.): teuer
The Cottage (6 Pers.): teuer
Gli Olivi (4 Pers.): moderat
La Limonaia (2 Pers.): moderat
Gesamter Borgo (26 Pers.): teuer
POOL, TENNISPLATZ, SAUNA

DANKSAGUNG

Ich danke meinen Freunden und meiner Familie, die mich während dieses Abenteuers, das ebenso aufregend war wie es mich in Anspruch genommen hat, unterstützt haben. Ein besonderer Dank allen Hotels, Villen und Landhäusern, die ich die Freude hatte, zu besuchen, sowie AutoEurope, die mich dorthin brachten. Herzlichen Dank meiner Lektorin Kathleen Jayes, meinem Verleger Charles Miers, meinem höchst inspirierten Fotografen David Cicconi und seinem Assistenten José Bernad. Peter Webster, Tom Edelman und Roberto Coin seien für Ihre Hilfe beim Zustandekommen dieses Buches herzlich bedankt. Und zuletzt: Danke an Friso van Reesema, dessen Liebe und Unterstützung mich vom Anfang bis zum Ende dieses Projekts in innerer Balance gehalten haben.

ÜBER DIE AUTOREN

MEG NOLAN ist Autorin und Redakteurin aus New York. Ihre berufliche Laufbahn begann sie als Producerin einer NBC-Show, bevor sie ihm Print-Journalismus Fuß fasste. Sie schrieb für *Vanity Fair*, *Travel + Leisure Golf*, *Italy Weekly*, *Golf for Women* sowie *Philadelphia/DC Style*. Schließlich aber war es ihre Arbeit für das Mailänder Büro der *International Herald Tribune*, die sie ihrem eigentlichen Ziel einen Schritt näher brachte: So viel Zeit wie möglich in Italien zu verbringen.

DAVID CICCONI war Fotoredakteur bei *Travel + Leisure* – damals gewann das Magazin mehr als zwanzig Preise für seine ausgezeichneten Fotografien. Als Fotograf arbeitete er nicht nur für *Travel + Leisure*, sondern auch für *Conde Nast Traveller UK*, *Food & Wine* sowie das *W Magazine*. Im Jahr 2006 wählte ihn Photo District News zu einem der dreißig vielversprechendsten Fotografen.

MELISSA BIGGS BRADLEY ist Gründerin und CEO von Indagare™, einer neuen Internetsite, die sich exquisitem Reisen widmet. Davor arbeitete sie zwölf Jahre lang als Reiseredakteurin für *Town & Country* bevor sie *Town & Country Travel* gründete, wo sie als Chefredakteurin fungierte und welches für sein gesamtes Erscheinungsbild von der American Society of Magazine Editors (ASME) für eine Auszeichnung nominiert wurde.